Die größten
RÄTSEL
DER WELT

Petra Bachmann

arsEdition

DIE GRÖSSTEN RÄTSEL DER WELT

Inhalt

Einleitung 3
Cheops-Pyramide – Uraltes Bauwunder 4
Teotihuacán – Stadt der Götter 6
Stonehenge – Geheimnisvoller Steinkreis 8
Silbury Hill – Mystischer Hügel 10
Menhire von Carnac – Rätselhafte Hinkelsteine .. 12
Yonaguni-Monument – Pyramide unter Wasser ... 14
Nazca-Linien – Riesenbilder im Sand 16
Steinkolosse der Osterinsel – Stumme Wächter ... 18
Eldorado – Sagenhaftes Goldreich 20
Atlantis – Versunkener Inselstaat 22
Avalon – Insel im Nebel 24

Heiliger Gral – Ewige Suche 26
Quipu – Knotenschrift der Inka 28
Maya-Kalender – Drei Kreisläufe 30
Voynich-Manuskript – Ein unlesbares Buch 32
Mechanismus von Antikythera – Antiker Rechner ... 34
Kristallschädel – Uralter Wissensspeicher 36
Anasazi-Indianer – Spurlos verschwunden 38
Kelten – Geheimnisvolle Kultur 40
Bermudadreieck – Mysteriöses Unglücksgebiet ... 42
Tunguska-Katastrophe – Gewaltige Explosion 44
Roswell – Absturz von Aliens? 46
Death Valley – Wandernde Steine 48
Bernsteinzimmer – Verschollener Kunstschatz 50
Dracula – Unsterblicher Vampir 52
Robin Hood – Legendärer Rächer 54
Ungeheuer von Loch Ness – Monster im See 56
Yeti – Schneemensch im Himalaja 58

Ötzi – Uralte Gletschermumie 60
Drachen – Weltweiter Mythos 62
Riesenkalmar – Gigantisches Meerestier 64
Arche Noah – Beweis für die Sintflut 66
Turiner Grabtuch – Bildnis von Jesus 68
Schriftrollen von Qumran – Unterdrücktes Wissen ... 70
Missing Link – Zwischen Affe und Mensch 72
Neandertaler – Ausgestorbener Verwandter 74
Dinosaurier – Urplötzlich verschwunden 76
Feenkreise – Runde Naturwunder 78
Kornkreise – Zeichen von Außerirdischen 80
Kugelblitz – Schwebende Lichtbälle 82
Das Universum – Unendlicher Weltraum 84
Schwarze Löcher – Schwerkraftfalle im All 86
Wurmloch – Tunnel durch Zeit und Raum 88
Dunkle Energie – Unbekannte Kraft im Universum ... 90

Einleitung

Rätsel, Geheimnisse, offene Fragen – was gibt es Spannenderes als Dinge, die sich nicht auf Anhieb lösen lassen. Sie stellen eine Herausforderung an Verstand, Forschergeist und Neugier dar. Einige der größten Rätsel der Welt beschäftigen die Menschheit bereits seit Jahrtausenden – seien es uralte Bauwerke, nicht auffindbare Orte oder geheimnisvolle Gegenstände. Klarheit versuchen Wissenschaftler und Forscher auch über das plötzliche Verschwinden ganzer Kulturen oder Lebewesen zu gewinnen, ebenso wie über seltsame Vorkommnisse oder nicht erklärbare Katastrophen. Andere spüren nach, wie viel Wahrheit in alten Legenden und Erzählungen über edle Räuber, Vampire, Ungeheuer, Drachen und sonstige Fabelwesen sowie in den Schriften der Bibel steckt. Oder sie erfinden Theorien zu verschiedenen Naturphänomenen, zur Entwicklung von Leben auf der Erde und allen Fragen, die das Universum und seine Entstehung betreffen.

Von all diesen Rätseln erzählt dieses Buch. Manche von ihnen konnten nach einer Weile geknackt werden, bei anderen warfen die scheinbaren Lösungen wieder neue Fragen auf – und das große Raten begann von vorne. Aber gerade das ist das Besondere an Rätseln: Sie regen dazu an, unser Wissen zu erweitern und über den Tellerrand hinauszudenken. Langweilig werden Rätsel also nie, auch deshalb nicht, weil immer wieder neue dazukommen.

CHEOPS-PYRAMIDE

Uraltes Bauwunder

Vor über 4500 Jahren entstanden die Pyramiden von Gizeh in Ägypten, die zu den sieben Weltwundern der Antike zählten. Die größte und älteste von ihnen ist die rund 147 m hohe Cheops-Pyramide mit 230 m Seitenlänge. Sie wurde als Grabmal für den Pharao Cheops errichtet. Zwar fanden Archäologen in der Königskammer einen Sarkophag, jedoch keine Mumie oder Grabbeigaben. Seit Jahrhunderten fragen sich die Menschen, wie die Ägypter es schafften, die Pyramiden zu errichten. Wie transportierten sie die unzähligen tonnenschweren Steinblöcke heran und setzten sie ritzenlos und passgenau zusammen – ganz ohne Maschinen? Hatten Außerirdische ihre Hand im Spiel oder übernatürliche Kräfte? Oder war es doch nur harte und äußerst gründliche Arbeit?

Schlitten und Seile

Forscher sind sich heute sicher, dass sehr gute Planung und einfachste Hilfsmittel zum Bau der Pyramiden ausreichten: Schlitten, Seile, Rampen und die Muskelkraft vieler Arbeiter. In einem Steinbruch wurden zunächst riesige Steinwürfel aus dem Kalkstein gehauen. Jeder hatte eine Kantenlänge von 2,45 m und wog 2500 kg. Sie wurden

Weiss verkleidet

Das Äußere der Pyramiden von Gizeh sieht heute stufenförmig aus. Ursprünglich waren sie jedoch von hellen Kalksteinplatten bedeckt. Durch die glatte Oberfläche wirkten sie wie in einem Stück aus einem Riesenstein herausgeschnitten. Von dieser Verkleidung blieben nur spärliche Reste übrig. Den größten Teil verwendeten die Ägypter im Mittelalter zum Häuserbau.

Keine Sklavenarbeit

Wie die drei mittleren Sterne im Sternbild Orion sind die Pyramiden von Gizeh angeordnet, ihre Seiten weisen in die vier Himmelsrichtungen. Was liegt da näher, als zu glauben, Außerirdische hätten diese Bauwerke geschaffen? Tatsächlich entstanden sie innerhalb von nur jeweils 20 Jahren im Auftrag von Pharaonen. Diese hatten die Macht, Heerscharen von Arbeitern zu verpflichten. Sie stammten alle aus dem eigenen Volk, es galt als große Ehre, am Pyramidenbau mitzuwirken. Sklaven wurden deshalb nicht dazu herangezogen.

Grosse Wächterin?

Ebenso berühmt wie die Pyramiden ist die Große Sphinx von Gizeh. Das nasenlose Wesen mit Löwenkörper und Menschenkopf soll aus dem Rest eines Kalksteinhügels gehauen worden sein. Es war einst bunt bemalt, wie Farbreste zeigen. Was die Aufgabe der Sphinx war, ist noch immer ein Rätsel. Womöglich sollte sie die Pyramiden bewachen. Ihre Nase verlor sie im 14. Jh. durch einen Fanatiker – und nicht durch Obelix bei seiner Klettertour auf ihrem Kopf.

mithilfe von Seilen auf Schlitten gehievt, auf Schiffe verladen und über den Nil zur Baustelle gefahren, die mehrere Kilometer entfernt lag.

Hilfsrampen und Zugkraft

Wie wurden die Steine auf dem Pyramidenfundament in die Höhe gezogen? Immerhin waren es allein für die Cheops-Pyramide 2,3 Millionen Stück! Die meisten Wissenschaftler glauben, ebenfalls mit Schlitten und Seilen, und zwar über Rampen, die später entfernt wurden. Ob diese nun gerade waren und gleichmäßig anstiegen, im Zickzack nach oben führten oder in Spiralform, sich außen oder im Inneren des Monumentalbaus befanden, kann nicht bewiesen werden. Damit jeder einzelne Stein sich perfekt an der vorgesehenen Stelle einfügte, wurde er vor Ort noch einmal entsprechend behauen.

TEOTIHUACÁN
Stadt der Götter

Etwa 50 km nordöstlich von Mexiko-Stadt liegt eine der bedeutendsten Ruinenstädte Mittelamerikas: Teotihuacán. Ihren Namen – er bedeutet »Wo Menschen Götter wurden« – erhielt sie von den Azteken. Sie fanden den Ort im 13. Jh. verlassen vor. In seiner Blütezeit 300 bis 600 n. Chr. lebten dort bis zu 200 000 Menschen.

Berühmt ist Teotihuacán für seine Stufenpyramiden und -tempel. Der Grundriss der Stadt ist nach dem Lauf der Gestirne ausgerichtet. Doch wer sie erbaut hat, weiß niemand, da das ganze Volk spurlos verschwand. 2013 entdeckten Archäologen unter einem Tempel drei verschlossene Kammern. Vielleicht lüftet ihr Inhalt bald einige Geheimnisse.

Mondpyramide

Sonnenpyramide

Gefiederte Schlange

Das größte Bauwerk der Stadt nannten die Azteken »Sonnenpyramide«. Sie ist 225 m lang, genauso breit und 63 m hoch und somit die drittgrößte Pyramide der Welt. Sie besteht aus Millionen von ungebrannten Lehmziegeln und ist im Inneren mit Steinen aufgefüllt. Eine breite Treppe führt auf die Plattform des fünfstufigen Heiligtums, auf dem

OPFERGABEN

Bei der Mondpyramide, die an der schnurgeraden »Straße des Todes« in Teotihuacán liegt, fanden Archäologen Schauerliches: Überreste von Menschen! Dabei handelte es sich nicht um Einheimische, sondern um fremde Gefangene. Sie waren zusammen mit »magischen« Tieren, wie Adler, Jaguar und Schlangen, in grausamen Zeremonien geopfert worden – um das Bauwerk mit ihrem Blut zu segnen.

Eingang zur Unterwelt

Der neueste aufsehenerregende Fund mexikanischer Archäologen ist ein etwa 120 m langer Tunnel. Er liegt 18 m unter der Erde, zwischen dem Sonnentempel und dem »Tempel der Gefiederten Schlange«. Ein Roboter erkundete 2013 diesen Gang. 2014 fanden die Wissenschaftler dort 50 000 Opfergaben, darunter Edelsteine, Knochen von Raubkatzen, Holzbehälter und Steinskulpturen. Vermutlich sind in diesem Eingang zur Unterwelt auch frühere Herrscher bestattet, ihre Überreste wurden bisher nicht gefunden.

einst ein Altar stand. Nicht die Sonne wurde dort verehrt, sondern wahrscheinlich die Schöpfergottheit Quetzalcoatl, die Gefiederte Schlange.

Zeit im Raum

Ein Venuskalender mit 584 Tagen, der Sonnenkalender mit 365 Tagen und ein Ritualkalender mit 260 Tagen spielten im Denken der unbekannten Erbauer von Teotihuacán eine wichtige Rolle. Die Zahlen tauchten immer wieder auf, als Forscher die Stadt vermaßen. Sie benutzten dazu ein Maß, das auch die Maya und Azteken kannten, und stellten fest: Die Abstände zwischen den einzelnen Bauwerken in Metern entsprachen der Anzahl der Tage in den verschiedenen Kalendern. Das heißt, die damaligen Zeitmaße bestimmten auch die Gestaltung des Raums.

Ein besonderes Mass

Etwa 83 cm legten Archäologen als Längenmaßeinheit für ihre Vermessungen fest, die sie in Teotihuacán anstellten. Sie hielten sich dabei an eine Maßeinheit, die in der alten aztekischen Sprache Nahuatl dem Abstand zwischen Schulter bzw. Herz und Zeigefingerspitze entspricht. Sie nannten sie »Teotihuacán Measurement Unit« (TMU). Und obwohl sie nur auf Vermutungen beruht, ergaben Nachmessungen mit ihr: Diese Maßeinheit scheint tatsächlich beim Bau der Gebäude und Straßenzüge verwendet worden zu sein.

STONEHENGE
Geheimnisvoller Steinkreis

Seit ewigen Zeiten steht auf der Hochebene von Salisbury, etwa 130 km südwestlich von London, ein geheimnisumwitterter Kreis: Stonehenge. Wann genau das Bauwerk aus tonnenschweren riesigen Steinen (Megalithen) errichtet wurde, von wem und welchem Zweck es einst diente, darüber gab es im Laufe der Jahrhunderte die unterschiedlichsten Ansichten.

Im Moment glauben Archäologen, dass Stonehenge vor mehr als 5000 Jahren entstand, also noch vor den ägyptischen Pyramiden. Nutzten keltische Priester, die Druiden, die Anlage als Tempel? Handelte es sich um eine Art Kalender oder einen vorzeitlichen Steincomputer, mit dem der Lauf von Sonne und Mond berechnet wurde? Oder war Stonehenge eine Begräbnisstätte?

Jahrtausendbau

Stonehenge entstand in mehreren Bauabschnitten. Um 3100 v. Chr. wurde ein kreisförmiger Wall von 115 m Durchmesser gegraben. Im Laufe der nächsten 1500 Jahre kamen ein Ring aus 56 Erdgruben für Holzpfeiler dazu und zwei innere Kreise aus Blausteinen rund um einen riesigen Altarstein. Den äußeren Kreis bildeten 74 Sandsteinblöcke. Sie wogen zwischen 25 und 30 Tonnen und waren ursprünglich zu einem Ring mit geschlossenen Decksteinen aufgestellt. Sie umgaben fünf hufeisenförmig angeordnete Trilithen (Dreisteine), bei denen auf je zwei Tragsteinen ein Deckstein ruhte.

Steine aus der Ferne

Die verwendeten Blausteine stammen aus den Preseli-Bergen in Wales – 240 km von Stonehenge entfernt. Vermutlich wurden sie mit hölzernen Schlitten über Land gezogen, auf Schiffe verladen und über die See und Flüsse herantransportiert. Aufgerichtet und zusammengesetzt haben die steinzeitlichen Baumeister sie wahrscheinlich mit Holzgerüsten oder Erdrampen. In den Decksteinen fand man Löcher, die genau auf Steinzapfen an den Tragsteinen passten – eine Zimmermannstechnik bei Holzbauten.

Vielzweckbau

Über dem Eingang zu Stonehenge geht die Sonne zur Sommersonnenwende auf und zur Wintersonnenwende unter. Ein Anlass, zu dem einige Menschen – oder nur die Druiden – damals zusammentrafen. Spuren von Brandbestattungen zeigen: Das Gelände diente auch als Friedhof. Seit 2006 wird nahe Stonehenge ein steinzeitliches Dorf ausgegraben, 2010 stießen Archäologen auf weitere, noch nicht freigelegte Gräben und Steinkreise. Stonehenge könnte also ein größerer heiliger Bezirk für verschiedene kultische Rituale abseits des Alltagslebens gewesen sein.

Megalithanlage (Bretagne/Frankreich)

MEGALITHE

Riesige unbehauene oder behauene Steine, die Menschen ab der Jungsteinzeit vor etwa 7000 Jahren aufrichteten, heißen Megalithe. Sie standen einzeln, wurden aber auch zu Alleen und Kreisen angeordnet oder zu Dolmen (Steintischen) übereinandergelegt. Es waren Grabanlagen, früher hielt man sie für »Gräber von Riesen«. Sie finden sich in ganz Europa, sind jedoch unabhängig voneinander entstanden.

NEUZEIT-DRUIDEN

Aufgeschrieben haben die Druiden der Vorzeit nichts: Sie gaben ihr Wissen mündlich weiter. Die Ausbildung zum keltischen Priester konnte bis zu 20 Jahre dauern. Im 18. Jh., als Stonehenge mit Druiden in Verbindung gebracht wurde, entstanden viele neue Druiden-Orden. In unseren Tagen pilgern moderne Druiden nach Stonehenge, um dort mit Tausenden Menschen am 21.6. die Sommersonnenwende – den längsten Tag des Jahres – zu feiern.

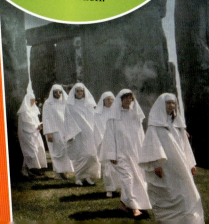

SILBURY HILL

Mystischer Hügel

Etwa 26 km nördlich von Stonehenge liegt die Ebene von Avebury, die ebenfalls für eine mächtige Steinkreisanlage bekannt ist. In der flachen Landschaft ragt nur eine einzige Erhebung 37 m empor: der sagenumwobene Silbury Hill. Er ist nicht natürlichen Ursprungs, sondern wurde von Menschen erschaffen – allerdings bereits 2400–2600 v. Chr. Warum sie das taten, weiß niemand.

War dieser Hügel ein riesiges Grab für einen prähistorischen Anführer? Oder markierte er eine Schatzkammer, in der unendliche Reichtümer verborgen waren? Ausgrabungen, bei denen auch ein Tunnel in den Berg getrieben wurde, brachten keinerlei Ergebnisse. Und so bestaunen Besucher den Silbury Hill einfach als den größten prähistorischen künstlichen Hügel Europas.

Voller Kreide

Torf
Kreide

Silbury Hill ist im Inneren aufgebaut wie eine dreistöckige Torte, aber in einem viel größeren Maßstab. Zuerst wurde eine kreisrunde Basis aus Torf aufgeschüttet, mit einem Durchmesser von 167 m. Darauf entstanden drei Terrassen, die nach oben hin schmaler wurden. Ihre Mauern bestanden aus Kreide, die Flächen wurden mit Kreide aufgeschüttet. Die Kanten der einzelnen Stockwerke wurden wiederum mit Kreide »geglättet«, sodass eine Hügelform entstand.

TEUFELSDRECK

Der Legende nach hat der Teufel Silbury Hill geschaffen. Er wollte einen Sack voller Erde über den Einwohnern der Stadt Marlborough ausschütten. Die Zauberkraft eines Druiden verhinderte dies. Deshalb landete die ganze Erde an der Stelle, wo sich seit jener Zeit Silbury Hill befindet.

kommen. Andere Wissenschaftler hingegen denken, er wurde von Anfang an präzise geplant.

Ein Mammutprojekt

Der Hügel wurde mit viel Erde, Kreide und Steinen aufgebaut. Forscher haben 400 000 m³ errechnet – damit könnten über 420 Schwimmbecken gefüllt werden. 700 Männer und Frauen wären zehn Jahre mit dieser Arbeit beschäftigt gewesen. Wahrscheinlich hat es viel länger gedauert. Manche Archäologen glauben, mehrere Generationen von Steinzeitmenschen hätten ihn nach und nach in einer Art Ritualhandlung Stein für Stein erschaffen und er sei so etwas wie eine prähistorische Kathedrale. Seine ebenmäßige Gestalt habe Silbury Hill erst sehr viel später von den Angelsachsen be-

Einsturzgefahr

1968 dachten Archäologen bei Ausgrabungen am Silbury Hill, sie hätten eine Grabkammer entdeckt. Es handelte sich aber nur um einen der vielen Tunnel, die ab dem 18. Jh. in den Hügel getrieben wurden. Damals hatte ein Adliger auch von der Spitze des Hügels aus einen Schacht graben lassen. Durch die vielen Grabungen verlor der Hügel an Festigkeit: Im Jahr 2000 drohte er sogar einzustürzen. Deshalb wurden die alten Tunnel 2007 mit Erde und Kreide aus der Gegend aufgefüllt und so für immer verschlossen.

Heilige Linien?

Liegt der Silbury Hill ebenso wie eine Kirche im nahen Dorf Avebury und der Steinkreis von Stonehenge an einer Ley-Linie? So werden Kraftpfade genannt, die sich über die gesamte Erde ziehen sollen. Archäologen halten das für blanken Unsinn: Einer von ihnen erfand deshalb »Telefonzellen-Linien«, die er zwischen einzelnen Telefonhäuschen in einer Stadt zog. Er wollte damit zeigen, wie eine reine Erfindung plötzlich Bedeutung erhält.

MENHIRE VON CARNAC

Rätselhafte Hinkelsteine

Wie eine Armee aus erstarrten Soldaten, aufgestellt in Reih und Glied, sehen die Menhire von Carnac aus. Insgesamt sind mehr als 3000 der teils übermannshohen Granitfelsen rund um die kleine Gemeinde in der Bretagne im äußersten Nordwesten Frankreichs versammelt. Die ältesten Steine wurden sorgfältig behauen, die jüngeren nicht.

Wer die Menhire errichtet hat, weiß man bis heute nicht. Sicher ist, dass sie etwa 4500 v. Chr. aufgestellt wurden: Sie zählen damit zu den ältesten Steinsetzungen der Welt. Doch wie haben die unbekannten Baumeister die zum Teil riesenhaften Hinkelsteine bewegt? Besaßen sie Superkräfte durch einen Zaubertrank? Oder war es einfach gute Gemeinschaftsarbeit?

Menhir

Das Wort »Menhir« kommt aus der bretonischen Sprache und bedeutet so viel wie »langer Stein«. Anders als Findlinge, die in der Eiszeit von Gletschern geschliffen und transportiert wurden, sind Menhire meist von Menschenhand behauen und immer länger als breit. Sie wurden hochkant aufgestellt und so gesichert, dass sie nicht umfallen konnten. Der Menhir von Kerloas ist mit 9,5 m der höchste noch stehende Hinkelstein der Bretagne.

Steinreich

Die Gegend rund um Carnac ist mit Hinkelsteinen übersät – sie sind aber nicht zufällig verteilt. Sie bilden deutliche Steinreihen und sind als solche in Kerlescan, Le Menec und Kermario zu Gruppen versammelt. Die Menhire »wachsen« von einem zum anderen Ende der Reihen in die Höhe: Messen die Granite an der Ostseite nur um die 50 cm, sind es an der Westseite bis zu 4 m.

»Hinweisschilder«

Wer die Menschen waren, die bei Carnac und an anderen Orten in der Bretagne die Menhire aufstellten, ist unbekannt. Archäologischen Funden nach waren sie jedoch sesshaft, bauten Getreide an, sammelten Früchte, jagten, fischten und hielten Vieh. Sie stellten Pfeilspitzen aus Feuersteinen her und brannten aus Ton Schalen und Becher. Da viele der sehr großen Hinkelsteine an der Atlantikküste stehen, glauben einige Forscher, dass es sich um ein seefahrendes Volk gehandelt haben muss. Die Riesen-Menhire wären dann so etwas wie »Hinweisschilder«: Sie zeigten den Seefahrern bei der Rückkehr vom Meer, dass sie wieder zu Hause waren.

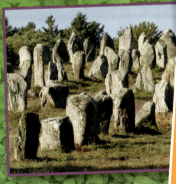

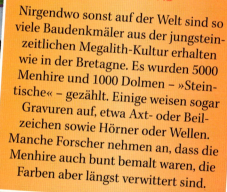

WELTREKORD

Nirgendwo sonst auf der Welt sind so viele Baudenkmäler aus der jungsteinzeitlichen Megalith-Kultur erhalten wie in der Bretagne. Es wurden 5000 Menhire und 1000 Dolmen – »Steintische« – gezählt. Einige weisen sogar Gravuren auf, etwa Axt- oder Beilzeichen sowie Hörner oder Wellen. Manche Forscher nehmen an, dass die Menhire auch bunt bemalt waren, die Farben aber längst verwittert sind.

Zusammen stark

Die Hinkelsteine wurden meist aus Felsformationen herausgebrochen, und zwar oft solche, die schon die gewünschte Form und Größe hatten. Vermutlich wurden sie dann auf Rundstämmen vorwärtsgerollt. Für den Transport eines 20 Tonnen schweren Steins waren mindestens 150 Menschen nötig. Zum Aufrichten des Menhirs gruben die Menschen der Jungsteinzeit eine tiefe Mulde. Der Stein wurde dort mehr oder minder hineingekippt, hochgezogen und mit mehreren kleineren Steinen und Erde abgesichert.

YONAGUNI-MONUMENT

Pyramide unter Wasser

Vor der japanischen Insel Yonaguni, die im Westpazifik in der Nähe von Taiwan liegt, stieß der Taucher Kihachiro Aratake 1985 auf eine seltsame Gesteinsformation: Was zunächst wie ein riesiger, nahezu rechteckiger Felsklotz wirkte, schien Treppen, Terrassen und senkrecht ausgehobene Kanäle zu haben. War der Japaner zufällig auf die Überreste einer uralten versunkenen Kultur gestoßen?

Darüber streiten Archäologen, Geologen und Historiker bis heute. Einige der Wissenschaftler sind sicher, es handle sich um ein Bauwerk auf dem vorzeitlichen Kontinent Mu, der im Laufe der Erdgeschichte in den Fluten versank. Andere meinen, Wind, Wasser und Wellen hätten die Unterwasserpyramide geschaffen.

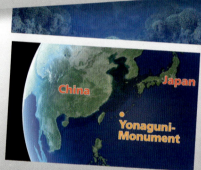

Natürlich oder künstlich?

Das Yonaguni-Monument ist ungefähr 150 mal 200 m groß, sein Sockel liegt in rund 25 m Tiefe. Die Oberfläche, wenn nicht sogar der ganze Felsen, ragte vor ca. 10 000 Jahren einmal aus dem Meer heraus. Die Wände und Kanten scheinen glatt zu sein und verlaufen so, als seien sie berechnet und dann aus dem Stein herausgehauen worden.

Spekulationen

Könnte es nicht sein, fragten sich einige Forscher, dass der riesige Fels – der damals auf dem Trockenen lag – eine uralte Kultur dazu anregte, ihn zu bearbeiten? Vielleicht nutzten die vorzeitlichen Handwerker die natürlichen Formen, die der Stein vorgab, und arbeiteten sie dann mit ihren Werkzeugen einfach deutlicher heraus – was Zeit und Kraft gespart hätte. Schließlich sei auf diese Weise ein weltweit bekanntes Baudenkmal entstanden: die Große Sphinx von Gizeh (s. S. 5).

Fehlende Beweise

Andere Wissenschaftler halten das Yonaguni-Monument für eine natürliche Erscheinung, das durch Erosion entstanden ist. Für sie spricht vor allem eins gegen die Annahme, eine uralte Kultur hätte es erschaffen: Sie hat keinerlei Spuren hinterlassen, etwa Keramiken, wie sie von anderen japanischen Inseln aus dieser Zeit bekannt sind. Sollte das Meer sie alle vernichtet haben? Forscher, die selbst zu der Felsformation hinuntergetaucht sind, berichten auch, die geraden Linien und Wände sähen vor Ort nicht so gleichmäßig aus wie auf den meisten Fotos. Doch wer weiß, vielleicht werden bei weiteren Untersuchungen doch noch überzeugende Beweise gefunden.

Der versunkene Kontinent Mu

Im 19. Jh. fand ein französischer Wissenschaftler in den alten Schriften der Maya und Quiché-Indianer immer wieder das Wort »Mu«. Für ihn beschrieb es eine riesige Landmasse im Pazifik. Ein britischer Schriftsteller griff diese Idee auf. Er behauptete, auf Mu hätten vor mehr als 50 000 Jahren hoch entwickelte Menschen gelebt. Der Kontinent sei bei einer Naturkatastrophe untergegangen, seine Reste wären heute Inseln im Pazifik, darunter Hawaii. Beweise gibt es für diese Theorie nicht.

Inselgruppe Hawaii

Erosion

So hart Felsen und Steine auch erscheinen mögen, Wind, Wasser und Eis schaffen es im Laufe der Zeit, sie abzutragen und dabei zu formen: Dieser Vorgang wird Erosion genannt. Bei Felsen, die knapp unter Wasser liegen, wie das Yonaguni-Monument, entstehen durch die starke Brandung senkrecht und waagerecht verlaufende Risse. An diesen Schwachstellen löst sich das Gestein in kleinen oder großen Blöcken ab, was zu Treppen- oder Terrassenformationen führen kann.

Beispiel für Erosion: Antelope Canyon

NAZCA-LINIEN

Riesenbilder im Sand

Passagiere eines Linienfluges machten 1924 eine überraschende Entdeckung: Aus der öden Landschaft der Nazca-Ebene in Peru leuchteten ihnen helle Linien entgegen. Manche waren schnurgerade, andere hatten geometrische Formen oder bildeten Figuren ab, wie Affe, Spinne oder Kolibri. Sie sind Hunderte von Metern groß und aus der Luft erkennbar.

Doch wer hatte diese Bilder in den Wüstenboden geschartt? Untersuchungen haben ergeben, dass sie zwischen 800 und 200 v. Chr. entstanden. Flugzeuge gab es damals noch nicht – also für wen waren diese Bodenzeichnungen gedacht? Waren es Signale und Landebahnen für Außerirdische? Oder handelte es sich um einen riesigen Kalender oder einen Ritualplatz?

Spurrillen

Der Boden der Nazca-Ebene ist von Wüstenlack überzogen. Diese oft rostfarbene Oberfläche aus einem Eisen-Mangan-Gemisch bedeckt eine hellere Gesteinsschicht. Während die Zeichner der Riesenbilder in die obere Schicht Rillen kratzten, legten sie die untere Schicht frei. Das war gar nicht aufwendig: Für die gut sichtbaren Linien reichten wenige Zentimeter aus.

Ein Lebenswerk

Einer deutschen Forscherin ist es zu verdanken, dass die Nazca-Linien so gut erhalten sind und 1994 unter Schutz gestellt wurden. Maria Reiche (1903–1998) war Mathematiklehrerin. Sie untersuchte ab 1946 die Bodenzeichnungen und fotografierte sie auch. Dazu ließ sie sich auf den Kufen eines Hubschraubers festbinden, um so mit ihrer Kamera einen freien Blick zu haben.

Viele Ideen

Da einige der Bodenbilder in Richtung Sommer- und Wintersonnenwende weisen, wurde angenommen, sie seien ein gigantischer Kalender. Eine weitere Idee war, sie würden unterirdische Wasserläufe anzeigen. Ein paar Forscher glaubten, die gesamte Nazca-Ebene sei eine große Sportarena. Oder wurden dort verstorbene Könige mit Heißluftballons gen Himmel getragen? Diese Möglichkeit testete ein Amerikaner 1975: Er ließ Ballons aus Baumwollstoff der Gegend nähen und hängte aus Binsen geflochtene Gondeln daran. Der Stoff wurde geräuchert und so durch Rauchteilchen verklebt, wodurch die heiße Luft in der Hülle blieb. Dieser Rauchballon schwebte mit zwei Männern in 130 m Höhe über die Wüste.

Rätsel gelöst?

2007 erklärte ein Team aus deutschen, schweizerischen und peruanischen Archäologen das Rätsel der Nazca-Linien für gelöst. Sie glauben, die Pfade in Tier- oder anderen Formen hätten die Menschen damals bei Ritualen abgeschritten. Sie fanden Altäre und Opfergaben an Eckpunkten der Bodenzeichnungen. In der damals noch fruchtbareren Gegend blieb immer öfter der Regen aus. Bei ihren festlich gestalteten Bittgängen auf den Linien flehten die Bewohner der Region ihre verschiedenen Götter um Wasser an.

Nur aus der Luft?

Wie gelang es den Linienzeichnern, ohne »außerirdische« Hilfe die Scharrbilder in die Wüste zu zeichnen? Die Forscher entdeckten 10 m lange Pfähle, die mit Wimpeln versehen waren. Dieses Werkzeug ist auch auf Keramiken aus der Zeit abgebildet. Mit seiner Hilfe wurde beim Ziehen der Linien am Boden der Überblick bewahrt. Die Zeichnungen sind auch nicht nur, wie bisher angenommen, aus der Luft zu sehen: Von einigen Anhöhen aus hat man ebenfalls einen guten Blick auf sie.

STEINKOLOSSE DER OSTERINSEL

Stumme Wächter

Die Osterinsel liegt im Südpazifik – 3800 km von der Küste Chiles entfernt. Sie ist für ihre übergroßen Figuren aus Tuffstein berühmt. Insgesamt wurden fast 890 dieser Steinkolosse gezählt, die bei den Ureinwohnern Moai hießen. Sie sind über das gesamte Land verteilt, die meisten stehen jedoch entlang der Küstenlinie. Sie sind zwischen 2 und 10 m groß und wiegen bis zu 80 Tonnen.

Wann genau diese Kolosse aufgerichtet wurden und warum, ist nicht vollständig geklärt. Die meisten Forscher glauben, die Figuren würden Häuptlinge oder verehrte Vorfahren darstellen. Viele von ihnen stehen auf Zeremonienplätzen, Ahus genannt, gemauerte Plattformen mit Grabkammern nahe von Siedlungen. Womöglich waren die Skulpturen einst Wächter der Toten und Lebenden.

Hutfabrik

Die Moai haben einen übergroßen Kopf und einen Körper, der unter dem Bauchnabel endet. Mit ihrem kantigen Kinn sehen sie alle männlich aus. Ein Teil der graubraunen Statuen trägt einen Pukao, eine zylinderartige Kopfbedeckung. Manche Wissenschaftler halten sie für einen Hut, andere für Haare. Alle Pukao bestehen aus rotem Vulkangestein, das am Puna Pau gewonnen wurde. Rund um diesen ehemaligen Vulkan liegen noch heute viele »Hüte« herum wie bestellt und nicht abgeholt.

»Rapa Nui«

So nannten die Ureinwohner ihre Insel. Ihren heutigen Namen gab ihr der holländischer Entdecker Jakob Roggeveen, der dort zu Ostern 1722 anlegte. Schon damals waren die Schöpfer der Statuen verschwunden, niemand konnte ihm ihre Bedeutung erklären.

Seelenhäuser

Moai wurden auf Ahu-Anlagen aufgestellt. Fast jedes Dorf auf der Insel besaß so einen eigenen Zeremonienplatz, der auch Grabstätte war. In den 1930er-Jahren stellte sich ein französischer Volkskundler vor, die Büsten bildeten frühere Häuptlinge oder Priester ab. Sie seien in Stein verewigt worden und würden als Schutzgottheiten dienen – das sei auch der Grund, warum sie Richtung Land, zu den Dörfern blicken. Nur bei heiligen Festen wären sie angerufen worden und ihre Seelen seien dann in den Stein eingezogen. Auf diese Weise hätten sie über einen Hohepriester Botschaften aus dem Jenseits an ihr Volk weitergegeben.

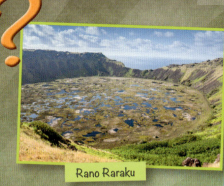

Rano Raraku

len mit Holzpflöcken gesichert waren – ließen die Arbeiter die Kolosse den Hang hinunter. Zwar ist überliefert, die Moai seien dank Zauberkräften in der Nacht selbst an ihren Bestimmungsort gelaufen. Doch Archäologen haben am Rano Raraku gepflasterte Transportwege entdeckt, die an viele Orte der Insel führten.

Krater-Wesen

Aus dem Gestein des erloschenen Vulkans Rano Raraku im Osten der Insel wurden die Statuen herausgemeißelt. Noch heute sind dort fast 400 der Figuren in verschiedenen Bearbeitungszuständen zu sehen. Mit Seilen – die an verschiedenen Stel-

Umsturz

Ein Bürgerkrieg sowie die Abholzung der Insel soll um 1680 zum Untergang der einstigen Hochkultur geführt haben. Es wurden keine Moai mehr hergestellt und sie wurden sogar umgestürzt: Die meisten der nicht wieder aufgerichteten Skulpturen liegen mit dem Gesicht nach unten am Boden – das deutet auf Absicht hin. Da viele Inselbewohner an den von Europäern eingeschleppten Krankheiten starben, glaubten sie wahrscheinlich nicht mehr an die Schutzkraft der steinernen Wächter.

ELDORADO

Sagenhaftes Goldreich

Eldorado, ein geheimnisvolles Reich aus purem Gold, soll irgendwo in Südamerika liegen. Mal wird es als eine im Dschungel versunkene Stadt beschrieben, mal als Tempel oder ganzes Land. Die Nachricht von einem Ort voller unermesslich kostbarer Schätze drang bis nach Spanien. Die Aussicht, ihn zu finden, lockte zahlreiche Eroberer, die Konquistadoren, ab dem 16. Jh. in die Neue Welt.

Eldorado blieb ihnen verborgen, zu schnellem Reichtum kamen viele von ihnen trotzdem: Sie raubten die Azteken und Inka aus. Diese Völker schmiedeten Schmuck und Kunstgegenstände aus Gold. Das wertvolle Metall war für sie Abbild der Sonne, die sie verehrten. Bis heute hat niemand Eldorado entdeckt. Handelt es sich hier nur um eine Legende? Aber wie ist sie entstanden?

Ein alter Brauch

Am Guatavita-See, in der Hochebene von Bogotá in Kolumbien, lebte einst das Musica-Volk. Bevor ihr neuer König den Thron besteigen konnte, wurde er nackt ausgezogen und mit Goldstaub eingerieben. Er fuhr dann mit einigen Begleitern auf einem mit Gold und Edelsteinen beladenen Floß in die Mitte des Sees. Dort warf er die Kostbarkeiten ins Wasser und sprang selbst hinterher. Der Goldstaub wurde von ihm abgewaschen und er tauchte als König wieder auf.

Im Goldrausch

Wahrscheinlich erzählten gefangen genommene Musi-

SCHMIEDEMEISTER

Die Musica waren einer der Stämme der Chibcha-Indianer. Sie lebten dort, wo heute Kolumbien liegt. Sie waren sehr geschickte Goldschmiede und verwendeten die Technik des »Verlorenen Wachses«: Dabei werden Figuren aus Wachs geformt und mit einer Tonform umhüllt. Sie wird erwärmt, das Wachs läuft heraus. In den Hohlraum wird flüssiges Gold eingefüllt und hat nach dem Erkalten die Form der Wachsfiguren.

gegossene Plastik bestätigt, wie am Guatavita-See Könige ernannt wurden: Sie zeigt auf einem Floß versammelt eine Hauptfigur und zwölf kleinere Nebenfiguren. Das kostbare Stück ist – mit 35 000 weiteren Goldobjekten aus präkolumbianischer Zeit – heute im Museo del Oro von Bogotá ausgestellt. Es wird auch »Goldfloß von Eldorado« genannt und ist so kostbar, dass es Kolumbien bisher noch nie verlassen hat.

ca-Indianer den ersten spanischen Eroberern vom Gold im See. Diese gaben die Geschichte bei ihrer Rückkehr nach Spanien an ihre Landsleute weiter. So entstand mit der Zeit die Legende vom Goldland Eldorado. Sie trug maßgeblich dazu bei, dass spanische Männer überhaupt den neuen Kontinent erkunden und erobern wollten. Ob die Konquistadoren Goldgegenstände aus dem See gefischt haben und wenn ja, wie viele, ist nicht überliefert. Doch bis heute überlegen Goldsucher immer wieder, den See trockenzulegen, um auf Schatzsuche gehen zu können.

Das goldene Floß

1856 fanden drei Bauern südlich von Bogotá das »Musica-Floß«. Diese 18 cm große, aus Gold

HEILIGES METALL

Alle Völker, die vor der Entdeckung Amerikas durch Kolumbus und seine Nachfolger in Mittel- und Südamerika lebten, verehrten Gold als den »Schweiß der Sonne«. Das Metall war für sie Empfänger der Sonnenenergie, die alles Leben auf der Erde erst möglich macht und als Quelle der Fruchtbarkeit angesehen wurde. Gold wurde vor allem für die Herstellung von Kunst- und Kultgegenständen genutzt, die dann Opfergaben waren oder Sonnentempel schmückten.

ATLANTIS

Versunkener Inselstaat

Vor 12 000 Jahren soll es ein mächtiges Inselreich gegeben haben, das mitten im Atlantik lag: Atlantis. Es besaß eine hoch entwickelte Kultur, war mit Bodenschätzen und fruchtbaren Ländereien gesegnet sowie eine große Seemacht, die viele Völker in Europa und Afrika unterworfen hatte. 9600 v. Chr. soll eine riesige Flutwelle an nur einem Tag die Insel mitsamt ihrer Bewohnern vernichtet haben.

So beschreibt der griechische Philosoph Platon (427–347 v. Chr.) die Insel Atlantis, nach der die Menschen seit der Antike fast überall auf der Welt suchen. Wo könnten ihre Überreste abgeblieben sein? Was hatte zu ihrem Untergang geführt und gab es Überlebende? Oder hatte Platon die ganze Geschichte nur erfunden?

Genaue Beschreibung

Platon siedelte Atlantis jenseits der »Säulen des Herakles« im Westlichen Meer an. Die Insel sei von vielen Kanälen durchzogen gewesen, die in Ringen und Strahlen verliefen und von Schiffen befahren wurden. Auch die prächtige Hauptstadt soll eine ringförmige Struktur gehabt haben, in ihrer Mitte hätten eine Akropolis und ein Poseidontempel gestanden, mit einer großen Skulptur des Meeresgottes.

Die »Säulen des Herakles«

So nannte Platon die Meerenge, die Mittelmeer und Atlantik verbindet. Heute heißt sie Straße von Gibraltar und trennt Spanien und Nordafrika. In der Antike kreuzten Schiffe zwar durchs Mittelmeer, aber kaum ein Seefahrer wagte sich in den offenen, unbekannten und äußerst gefährlichen Ozean jenseits dieser Meerenge.

Nur ein Gedankenspiel

Geologen sind sich heute ziemlich sicher: Eine Insel, wie Platon sie beschreibt, hat es im Atlantik nie gegeben. Deshalb wird Atlantis für eine Erfindung des griechischen Philosophen gehalten. Er habe sich nur Gedanken darüber gemacht, wie ein Staat beschaffen sein könnte, in dem Menschen glücklich und zufrieden leben. Seine Erzählung warne aber auch davor, nicht zu überheblich zu werden: Denn als in den Bewohnern von Atlantis die Gier nach noch mehr Macht und Reichtum erwacht, erzürnt das die Götter, und die Insel ist dem Untergang geweiht.

MINOISCHE ERUPTION

Hatte Platon mit Atlantis eigentlich die Hochkultur der Minoer beschrieben, die von dem Vulkanausbruch auf Thera – so hieß Santorin im Altertum – stark in Mitleidenschaft gezogen wurde? Das vermuteten Archäologen, die 1967 Ruinen einer minoischen Stadt auf der Kykladeninsel ausgruben. Sie war bei der sogenannten Minoischen Eruption 1500 v. Chr. verschüttet worden. Allerdings bestand die Kultur der Minoer 50 Jahre später noch auf der Insel Kreta, die von einem Tsunami getroffen worden war.

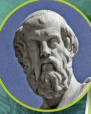

Endlose Suche

Einige Forscher wollen sich aber mit dieser Erklärung nicht begnügen. Sie meinen, Atlantis habe womöglich gar nicht im Atlantik, sondern an einem anderen Ort gelegen. Etwa in Amerika oder Indien, im Schwarzen Meer oder Pazifik – der Fantasie sind kaum Grenzen gesetzt. Spannend ist die Vorstellung, bei Atlantis handle es sich eigentlich um Kreta, Sizilien, Sardinien, Malta oder Santorin. Vor rund 3500 Jahren hatte ein Vulkanausbruch eine gewaltige Flutwelle im Mittelmeer ausgelöst – sie hätte auch Atlantis verschlucken und Reste davon später wieder freigeben können. Beweise gibt es dafür nach wie vor nicht.

AVALON

Insel im Nebel

Irgendwo im Südwesten Englands wird Avalon vermutet, was übersetzt »Apfelinsel« bedeutet. Nur wenige Menschen können die Insel betreten, denn sie liegt in einem Reich zwischen der wirklichen Welt und dem Jenseits. Elfen und Kobolde schicken ein Boot mit einer Priesterin von der Insel. Auf der Überfahrt kann nur sie allein die Nebel teilen, die die Welten voneinander trennen. So erzählt es eine Überlieferung aus dem frühen Mittelalter. Avalon und die Geschichten, die sich um diesen Ort ranken, haben im Laufe der Jahrhunderte die Fantasie vieler Menschen angeregt, Bücher und Filme sind entstanden. Aber gibt es Avalon tatsächlich? Einige Hobbyforscher glauben, mit einem Hügel in Glastonbury fündig geworden zu sein.

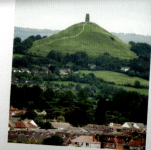

Letzte Zuflucht

In der Artussage, der Legende um König Artus, wird die Insel Avalon oft erwähnt. Sie wird zur letzten Zuflucht für Artus, der ein Schüler des Druiden und Zauberers Merlin war. Er wurde König von Britannien, weil es ihm gelang, das Schwert Excalibur aus einem Felsen zu ziehen. In seiner Burg Camelot versammelte er seine Ritter an einem runden Tisch, der Tafelrunde. Als er bei einem letzten Kampf schwer verletzt wird, gelangt er nach Avalon. Von dort aus – so wird geweissagt – wird er eines Tages zurückkehren.

Die Herrin vom See

Das Schwert Excalibur soll Artus von Nimue, der Herrin vom See, bekommen haben. Sie hütete den See, der die Insel Avalon umgab. Das Schwert war der Legende nach in Avalon geschmiedet worden und soll aus Meteoreisen bestanden haben, das als wunderkräftig galt. Als Artus schwer verletzt ist, bittet er einen seiner Ritter, Excalibur der Herrin vom See zurückzubringen, was auch geschieht.

Insel im Moor

»Ynys yr Afalon« nannten die Briten einen Flecken, der heute als tropfenförmiger Hügel in der südenglischen Kleinstadt Glastonbury zu sehen ist – der 158 m hohe Glastonbury Tor. Er liegt in einer Ebene, die früher Sumpfland war. Aus ihr ragte der Hügel einst als Insel im Moor heraus – Avalon wird als eine Insel im Sumpf oder Schwemmwasser beschrieben. Es wurden Reste einer Festung dort gefunden sowie Besiedlungsspuren aus der Steinzeit, keltischer und römischer Zeit. Heute steht noch die Ruine eines Kirchturms auf dem »Ynis Witrin«. So heißt der Hügel auf Keltisch, was »Glasinsel« bedeutet.

Morganas Reich

Herrscherin über Avalon war Morgana. Sie wird in den Sagen entweder als Halbschwester von König Artus beschrieben, als böse Hexe oder Hohepriesterin, die noch der großen Göttin huldigte. Zusammen mit acht Schwestern bildete sie junge Frauen in Magie und Kräuterwissen aus. Sie und der Druide Merlin sollen mithilfe ihrer Zauberkraft die Geschicke Britanniens bestimmt haben. Als der christliche Glaube immer mehr Einzug hielt, verloren die beiden ihre Macht, und Avalon verschwand aus dem Bewusstsein der Menschen.

DIE GROSSE GÖTTIN

Vor dem Christentum beteten die Menschen in Britannien zur großen Göttin. Sie war als Erdmutter oder Muttergöttin die Schöpferin allen Lebens, konnte es aber auch vernichten. Die Toten kehrten in ihren Schoß zurück und wurden dann wiedergeboren. Die große Göttin trat in dreifacher Gestalt auf: als junge Frau, als Mutter und als weise Alte. Sie lebte auch in Bäumen, Tieren, Steinen und Flüssen, weshalb die Natur damals besonders verehrt wurde.

Merlin

HEILIGER GRAL

Ewige Suche

Keiner weiß genau, was der Heilige Gral genau ist, deshalb ist es so schwierig, ihn zu finden. Der Legende nach handelt es sich entweder um ein Gefäß – eine Schale oder einen Kelch – oder aber um einen Stein. Der Gral spendet ewige Lebenskraft, Glückseligkeit und Jugend. Er soll sich in der Burg des Gralskönigs befinden und wird von Gralsrittern bewacht. Im Christentum galt der Gral als der Kelch, aus dem Jesus Christus beim letzten Abendmahl mit seinen Jüngern trank. Mit ihm soll auch das Blut Christi am Kreuz aufgefangen worden sein. Alle Jahre wieder wird der Heilige Gral entdeckt – in einer Kirche, auf einem Dachboden, in einem See oder einer Quelle. Und doch hört die Gralssuche nie auf. Seltsam, oder?

Der Held Parzival

Nur wer mutig, ehrlich, rein und unschuldig ist, kann den Gral finden, sagt die Gralslegende. Sie erzählt von Parzival, dem bekanntesten Gralssucher, der auf seinem Weg viele Abenteuer bestehen muss und daran wächst. Er kommt auch an den Hof von König Artus, wo er zum Ritter geschlagen wird. Ihm gelingt es, das Geheimnis um den Heiligen Gral zu lüften, weshalb er den kranken Gralskönig heilen kann und sein Nachfolger wird.

Die »Kelchquelle«

Am Fuße des Glastonbury Tor (s. S. 25) befindet sich mit der Chalice Well eine heilige Quelle. Angeblich entstand sie, als Josef von Arimathäa, ein Jünger Jesu, dort den Abendmahlkelch vergrub. Das Quellwasser ist rötlich gefärbt, weshalb es als das Blut Jesu angesehen wurde. Tatsächlich ist der hohe Eisengehalt für die Farbe verantwortlich.

Er ist überall

1995 wurde der Heilige Gral – ein kleiner Becher aus Schmuckstein – auf einem Dachboden in Deutschland gefunden. Seit dem 16. Jh. steht er aber auch als einfache Holzschale in einem Herrenhaus in Südwales. Im italienischen Genua wird er als sechseckiger gläserner »Sacro cantino« aufbewahrt, im spanischen Valencia als »Santo Cáliz«. 2014 erklärten zwei Wissenschaftler, sie hätten den endgültig »echten« Heiligen Gral entdeckt. Er würde seit dem 11. Jh. in einer Basilika in Nordspanien aufbewahrt: Es ist ein mit Gold und Edelsteinen verzierter Achat-Kelch. Mithilfe von zwei ägyptischen Pergamentrollen hätte seine Herkunft bis in die Grabeskirche in Jerusalem zurückverfolgt werden können.

Lebender Gral?

Eine ganz verwegene Idee zum Heiligen Gral hatten zwei britische Reporter 1982: Sie glaubten, das Wort »Gral« würde auf das französische »Sang real«, »königliches Blut«, hindeuten. Damit würde verschlüsselt die Botschaft weitergegeben, dass Jesus mit Maria Magdalena verheiratet gewesen sei und sie ein Kind von ihm bekommen habe. In diesem Kind und seinen Nachfahren würde Jesus bis heute unter uns weiterleben. Die Schriften, aus denen sie ihre Erkenntnisse ableiteten, stellten sich später als Fälschungen heraus.

Weiser Stein

Der deutsche Dichter Wolfram von Eschenbach griff Anfang des 13. Jh. in seiner Dichtung die Geschichte von Parzival und dem Heiligen Gral auf. Der Gral ist bei ihm aber kein Kelch, sondern ein Stein. Auf ihm legt jedes Jahr eine weiße Taube – sie steht für den Heiligen Geist – eine Hostie nieder. Wer den Stein sieht, altert nicht und ist kurzzeitig vor dem Tod geschützt. Gralsritter können am Rand des Steins göttliche Botschaften lesen, sie erscheinen aber nur für einen kurzen Augenblick.

QUIPU

Knotenschrift der Inka

Was auf den ersten Blick aussieht wie ein Vorhang aus Schnüren mit Knoten, ist eine ausgefeilte Schrift, die wichtige Botschaften enthält. Die Inka in Südamerika, ihr Reich bestand vom 13.–16. Jh., führten auf diese Weise Buch über Einnahmen, Ausgaben und alles andere, was sie zählen wollten.

Wie wir benutzten die Inka das Dezimalsystem, also Zahlen von Null bis Neun. Aus der Art des Knotens und wo er sich befindet, lassen sich Zahlenwerte ablesen. Die Inka trugen die Quipu bei sich: Sie wurden entlang der Hauptschnur spiralförmig aufgewickelt, was ihnen Ähnlichkeit mit einem Wischmopp gab. Ob die Quipu neben Zahlen auch Geschichten enthalten, ist bis heute noch nicht geklärt.

Lama

ten Schnüre, die an ihr herabhängen, und oft geflochten oder umwickelt. Manch ein Quipu wirkt wie ein wunderschöner Halsschmuck, der meist aus Baumwolle, aber auch Pflanzenfasern, Menschenhaar oder Lamawolle besteht. Die Schnüre konnten auch unterschiedlich gefärbt sein.

Schnur an Schnur

Quipu – das heißt in der Quechua-Sprache »Knoten« – bestehen aus einer Hauptschnur, die zwischen 10 und 514 cm lang sein kann. Sie ist meist dicker als die geknote-

Rechnen mit Knoten

Die Quipu zeigen hauptsächlich drei verschiedene Knoten: den einfachen Knoten, den langen Knoten, der auch

mehrfacher Überhandknoten heißt, und den Achterknoten. Ein einfacher Knoten steht für die Zahlen 10, 100 oder 1000. Je höher der Wert, umso näher liegt der Knoten bei der Hauptschnur. Vier einfache Knoten hintereinander in der 1000er-Position bedeuten 4 x 1000. Ein langer Knoten steht für eine Zahl zwischen 2 und 9, je nachdem wie viele Windungen er hat. Kein Knoten zeigt immer eine Null an. Ein Achterknoten bedeutet eine Eins.

Lesehilfe

Einen Quipu zu knüpfen, war eine Kunst, ihn zu lesen, ebenfalls. Für beides gab es ausgebildete Fachleute. Die Knotenschrift wurde immer mit einer Erklärung übergeben. So wusste der Knotendeuter, ob er es mit Vieh, Vorrat oder Menschen zu tun hatte. Ob die Farbe der Schnüre und die Art ihrer Verzwirnung auch eine Bedeutung haben, darüber wird noch geforscht. Viele Quipu wurden von den spanischen Eroberern vernichtet, einige landeten aber auch in Europa. Weltweit sind etwa 800 erhalten geblieben. Das Ethnologische Museum in Berlin besitzt mit 289 Stück die größte Sammlung.

ÄLTER ALS GEDACHT

200 km nördlich von Perus Hauptstadt Lima entdeckte ein Archäologen-Team 2005 etwas Besonderes. In Caral, der vermutlich ältesten Siedlung auf dem amerikanischen Kontinent, fanden sie in einer der Pyramiden ein Baumwollknäuel: Es war um dünne Stäbe gewickelt und entpuppte sich als eine Knotenschrift. Sie stammt aus einer Zeit um 2600–2100 v. Chr., was beweist, dass die Quipu schon lange vor den Inka genutzt wurden.

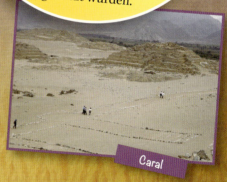

Caral

S- UND Z-TYPEN

Jede Schnur eines Quipu wurde in eine von zwei Richtungen verzwirnt: Man unterscheidet S- und Z-Typen: Entweder verläuft die Drehung der Faser wie der Querstrich im Buchstaben S von oben links nach unten rechts oder wie beim Z von unten links nach oben rechts. Oft sind zwei S-Schnüre in Z-Drehung verzwirbelt, zwei Z-Schnüre in S-Drehung. Die ursprüngliche Drehung der beiden Einzelschnüre wird so ausgeglichen, die neue Schnur hält besser zusammen.

MAYA-KALENDER

Drei Kreisläufe

Das Volk der Maya lebte hauptsächlich im Süden und Südosten von Mexiko, aber auch in anderen Teilen Mittelamerikas. Seine Blütezeit hatte es vom 3.–10. Jh. n. Chr.

Aus drei Handschriften, die von den Kalenderpriestern der Maya erhalten blieben, geht hervor, dass sie die Zeit ganz anders einteilten als wir.

Die Maya besaßen nicht nur einen Kalender, sondern gleich drei. Sie umfassten unterschiedlich viele Tage, auf diese Weise konnten Zeiträume für verschiedene Zwecke ganz genau bestimmt werden. Forscher brauchten Jahre, um den Maya-Kalender zu verstehen. Noch sind nicht alle Fragen geklärt, etwa die, ob der Kalender verrät, wann die Welt untergeht.

Einer von dreien

Den Tzolkin- oder Ritualkalender nutzten die Maya für die Zählung der Tage ihrer insgesamt 13 Monate. Jeder Monat hatte 20 Tage, ein Tzolkin-Jahr umfasste also 260 Tage. Jeder Tag bekam eine Zahl von 1 bis 13 zugeordnet sowie den Namen einer von insgesamt 20 Schutzgottheiten. Forscher haben herausgefunden, dass mit diesem Kalender Aussaat, Pflege und Ernte des Hauptnahrungsmittel der Maya verknüpft ist: des Mais.

Unheilvoller Rest

Der Haab-Kalender der Maya umfasst ein Sonnenjahr von 365 Tagen. Sie sind aber nicht wie bei uns in 12 Monate mit 28 bzw. 29, 30 und 31 Tagen unterteilt, sondern in 18 Monate zu je 20 Tagen. Das ergibt 360 Tage sowie fünf »Nichttage« oder Schalttage. Sie wurden zu einem Sondermonat zusammengefasst und galten als Un- glücks-

tage. Vor Ankunft der Spanier zählten die Maya die Tage im Monat von 0–19 – danach fingen sie mit der Zahl Eins an und zählten bis 20. Tzolkin- und Haab-Kalender miteinander kombiniert, ergeben eine Kalenderrunde – sie umfasst einen Zeitraum von 52 Jahren.

Blick in die Zukunft

Der dritte Kalender der Maya, die Lange Zählung, ermöglichte ihnen, große Zeiträume zu bestimmen und astronomische Berechnungen anzustellen. Ein Kreislauf der Langen Zählung, Baktun genannt, hat 144 000 Tage, also rund 394 Jahre: Das erste Baktun begann – nach unserer Zeitrechnung – am 11.08.3114 v. Chr., das letzte endete am 21.12.2012 – ein Datum, das in unserer Zeit für viel Aufregung sorgte.

Bilder, Punkte, Striche

Die Schrift der Maya besteht aus Silben- und Bildzeichen. Manche der Zeichen stellen ganze Wörter dar, andere nur Silben oder Laute. Beides kann auf unterschiedliche Weise zusammengesetzt werden. Beim Ritualkalender steht je eine Glyphe, also ein Bildzeichen, für einen der 20 Götter. Hinter Punkten und Strichen, einzeln und zusammen, verbergen sich Zahlen: Punkte bilden die Zahlen 1 bis 4, ab der Zahl 5 kommt ein waagerechter Strich dazu. Die 13 besteht z. B. aus zwei waagerechten Strichen – für die 10 – mit drei Punkten darüber. Die 20 hat ein Extrasymbol.

Weltuntergangstag

Ein Tag im Maya-Kalender sollte der letzte sein – für die ganze Welt: Auf unsere Zeit umgerechnet war es der 21.12.2012. Viele Menschen gerieten deswegen in Panik – würde sich eine große Katastrophe ereignen und die Erde mit einem Schlag auslöschen? Forscher wiesen darauf hin, dass die Maya diesen Tag zwar als Ende einer Welt sahen, aber auch als Beginn einer neuen – und zwar nach ihrer Rechnung der vierzehnten. Also doch kein Weltuntergang!

VOYNICH-MANUSKRIPT

Ein unlesbares Buch

Handgeschrieben und mit vielen verschiedenenfarbigen Zeichnungen versehen ist das Voynich-Manuskript, das vermutlich aus dem Mittelalter stammt. Das Besondere an diesem Buch: Niemand kann es lesen! Bisher gelang es keinem Wissenschaftler auf der Welt, die Sprache des Manuskripts zu entschlüsseln.

Zwar haben die Forscher den Schriftzeichen Buchstaben unseres Alphabets zugeordnet, doch die insgesamt 35 000 Wörter ergeben trotzdem keinen Sinn. Dabei deuten die Malereien darauf hin, dass sich hier jemand Gedanken zu Pflanzen und ihrer Wirkung, Sonne, Mond und Sterne, Frauen und Horoskopen gemacht hat. Werden wir seine Botschaften je verstehen können?

Fundort Italien

Der Büchersammler Wilfrid Michael Voynich, Namensgeber des Manuskripts, kaufte es 1912 in einer Jesuitenschule im italienischen Frascati. Er glaubte, der englische Philosoph Roger Bacon habe es im 13. Jh. verfasst. Im 16. Jh. soll es in den Besitz des englischen Mathematikers und Astronomen John Dee gelangt sein. Er habe es an Kaiser Rudolf II. in Prag verkauft. Voynich schickte die Schrift an Kryptologen und andere Forscher, um sie entziffern zu lassen.

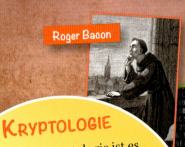

Roger Bacon

KRYPTOLOGIE

Aufgabe der Kryptologie ist es, Informationen zu ver- oder zu entschlüsseln. Dazu gehört es z. B., einen verwirrenden Buchstabensalat in einen lesbaren Text zu verwandeln, aber auch der Umkehrweg: Vor allem in Kriegszeiten war es wichtig, dass manche Botschaften nur für ganz wenige verständlich waren. So konnten sie geheim weitergegeben werden. Bloß Eingeweihte kannten die Chiffre, den Schlüssel zur Entzifferung. Heute sichern viele Banken ihre Daten mit Zahlenschlüsseln.

Beispiel für Mikroschrift

Lösungsansätze

Ab 1919 wurde das Voynich-Manuskript untersucht. Ein Forscher behauptete, auf den Buchstaben eine verborgene Mikroschrift entdeckt zu haben – was sich später als reine Erfindung herausstellte. Ein anderer Wissenschaftler versuchte über die Namen der Pflanzen, die abgebildet waren, den Text zu enträtseln. Das gelang zwar nicht, machte aber klar: Die dargestellte Sonnenblume war erst nach der Entdeckung Amerikas im 15. Jh. nach Europa gekommen, das Manuskript konnte nicht aus dem 13. Jh. stammen. Andere Gelehrte zählten Buchstaben und Wörter, verglichen die Zeichen mit Schriftzeichen anderer Sprachen – ohne echtes Ergebnis.

Genialer Schwindel?

Handelt es sich bei dem Voynich-Manuskript um eine spätmittelalterliche Handschrift oder nur um einen Scherz, für den jemand Worte in einer Fantasiesprache aneinandergereiht hat? War es in einer verloren gegangenen Sprache verfasst oder gar von Außerirdischen? Beweise gibt es für keine dieser Mutmaßungen. Und so bleibt es nach wie vor ungeklärt, ob das Buch einen Sinn ergibt oder nicht.

Gesicherte Erkenntnisse

Das Voynich-Manuskript umfasste einst 20 Lagen Pergamentpapier, zwei davon gingen verloren. Fast jede Lage besteht aus acht Blättern, was 16 Seiten entspricht. Obwohl die Seiten von 1 bis 116 durchnummeriert sind, hat das Buch nur 102 Seiten. Der gesamte Text besteht aus 170 000 Schriftzeichen. Kein Wort ist länger als zehn oder kürzer als drei Zeichen. Es wurde nichts durchgestrichen oder ausgebessert. Daraus schließen die Forscher, dass der Verfasser von einer Vorlage abschrieb.

MECHANISMUS VON ANTIKYTHERA

Antiker Rechner

Im Frühjahr 1900 entdeckte ein Schwammtaucher vor der griechischen Insel Antikythera nordwestlich von Kreta ein versunkenes römisches Schiffswrack. Darin befanden sich zahlreiche Bronze- und Marmorstatuen sowie andere kostbare Kunstschätze. Nahezu unbeachtet blieb ein seltsamer Klumpen, der sich erst später als Sensation entpuppte.

Der völlig verformte Bronzebrocken war ein kompliziertes Zahnradgetriebe – ein Mechanismus, den es in der Antike gar nicht hätte geben dürfen. Lange rätselten die Forscher, wie die uralte Maschine funktionierte. Inzwischen sind sie zu ein paar Antworten gelangt, fragen sich aber immer noch, warum und wie sie gebaut wurde und von wem. Handelt es sich um eine Art Computer des Altertums?

Einfach vergessen

Der Archäologe Spyridon Stais war 1902 der Erste, der sich die Zahnradbruchstücke ansah. Er hielt den Fund für einen astronomischen Rechner aus einer Zeit um 80 v. Chr. Andere Forscher bezweifelten, dass Menschen damals schon in der Lage waren, ein solch ausgefeiltes Stück Technik zu entwickeln, geschweige denn zu bauen. Da keine ausreichende Erklärung gefunden wurde, kam der Mechanismus ins Athener Nationalmuseum. Dort blieb er über 50 Jahre unbeachtet.

Erster Durchbruch

1958 begann der englische Wissenschaftshistoriker Derek de Solla Price sich für den Mechanismus zu interessieren. Mithilfe von Röntgenaufnahmen glaubte er 1971 das Zusammenspiel der Zahnräder ergründet zu haben. Seiner Meinung nach ließen sich mit der Maschine Auf- und Untergangszeit von Sonne und Mond bestimmen sowie die einzelnen Mondphasen – und

zwar auf Jahre im Voraus. Ursprünglich bestand der antike Rechner aus insgesamt 70 Zahnrädern und konnte wahrscheinlich noch viel mehr.

Mini-Planetarium

Das Gerät beschrieb auch den Lauf der damals bekannten Planeten Merkur, Venus, Mars, Jupiter und Saturn – so wie sie sich von der Erde aus darstellten. Das fand der Engländer Michael Wright, ein Maschinenbauer, ab den späten 1970er-Jahren heraus. Ihre Bewegungen vollzogen sich auf ineinander verschlungenen Kreisbahnen, die gut mit den Rädern des Getriebes nachgebildet werden konnten. Ab 2006 entdeckten Wissenschaftler mithilfe eines Computertomografen bislang unbekannte Inschriften auf dem Apparat. Sie sind zwar sehr lückenhaft, doch 2008 wurden Monatsnamen entziffert.

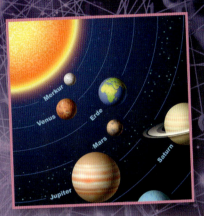

Ganz handlich

Ungefähr so groß wie eine DIN-A4-Seite und etwa 10 cm tief war der Mechanismus von Antikythera einst. Das lässt sich aus den 82 gefundenen Einzelteilen schließen. Seine Zahnräder, Zeiger, Anzeigen und wahrscheinlich auch die Abdeckplatten, die aber nicht erhalten blieben, wurden aus 1 bis 2 mm dickem Bronzeblech geschnitten. Die Zahnräder konnten über einen Drehknopf oder eine Kurbel bewegt werden.

Unbekanntes Genie

Die griechischen Beschriftungen weisen darauf hin, dass der Mechanismus aus einer Kolonie stammt, die Einwohner der alten Stadt Korinth gegründet hatten. Zu ihr zählte auch Syrakus auf Sizilien. Dort lebte der berühmte Mathematiker Archimedes, der 212 v. Chr. starb. Hatte er den Apparat erfunden? Vielleicht, gebaut wurde er aber erst 100 Jahre nach Archimedes' Tod von einem unbekannten Mechaniker und Metallbaukünstler.

KRISTALLSCHÄDEL

Uralter Wissensspeicher

1924 reiste der britische Abenteurer und Autor Frederick Albert Mitchell-Hedges nach Britisch-Honduras, dem heutigen mittelamerikanischen Staat Belize. Er begann in Lubaantun, einer früheren Zeremonienstätte der Maya, mit Ausgrabungen. Dabei stieß seine Adoptivtochter, die ihn auf der Reise begleitete, auf einen Totenkopf aus Bergkristall.

Wie er angefertigt wurde und warum, ist nicht ganz geklärt. Er weist angeblich keinerlei Schleif- oder andere Bearbeitungsspuren auf. Einige Forscher behaupten, der Schädel könne Licht bündeln, Strom herstellen und sei – ähnlich wie ein Computerchip – Träger geheimer Informationen. Stimmt das, oder entstand der Totenkopf im 19. Jh. und ist eine Fälschung?

Langzeitprojekt

Maya-Werkzeug

Der Kristallschädel von Lubaantun wiegt 5,3 kg, er ist 13 cm hoch und tief sowie 17 cm breit. Der bewegliche Unterkiefer ist abnehmbar und besteht aus dem gleichen Material wie der Rest des Schädels. Ein Gutachter errechnete in den 1970er-Jahren die Bearbeitungsdauer mit dem zur Zeit der Maya üblichen Werkzeug: Bei 12 Stunden Polierarbeit am Tag wäre der Totenkopf in etwa 1600 Jahren fertig gewesen.

Unheimliches Leuchten

Der Kristallschädel ist so geschliffen, dass Licht, das in ihn einfällt, durch die Augenhöhlen und an einem Punkt auf der Stirn – dem dritten Auge – wieder ausgestrahlt wird. Das wirkt auf einen nichts ahnenden Betrachter ziemlich gruselig. Angeblich soll der Totenkopf auch ohne zusätzliches Licht aus sich selbst heraus leuchten – und Kristalle in seiner unmittelbaren Umgebung ebenfalls strahlen lassen.

»Indiana Jones und das Königreich des Kristallschädels«

Echt oder nicht?

Neben dem Mitchell-Hedges-Kristallschädel gibt es auch noch ein Londoner und Pariser Exemplar. Insgesamt sollen es weltweit 13 sein. Der Legende nach kann der Weltuntergang verhindert werden, wenn diese Totenköpfe in einer bestimmten Form zusammen aufgestellt werden. Mittlerweile wurden mit Elektronenmikroskopen Spuren an den Kristallschädeln entdeckt, die auf eine Bearbeitung mit neuzeitlichen Werkzeugen hindeuten. In einem Brief von 1943 gestand der Abenteurer Mitchell-Hedges seinem Bruder, er habe den Kristallschädel beim Kunsthändler Sotheby's in London gekauft.

»Schädel der Verdammnis«

So nannte Mitchell-Hedges – der als Vorbild für den furchtlosen Filmhelden »Indiana Jones« gilt – seinen Fund. Damit erregte er einiges Aufsehen und wurde schlagartig berühmt, was vielleicht sein eigentliches Ziel war. Menschen, die an Übersinnliches glaubten, sahen in dem Totenkopf einen Boten einer bevorstehenden Apokalypse – oder einen Retter. Da Bergkristall ein Quarz mit enormem Speichervermögen ist, wird vermutet, die Maya könnten in dem Kristallschädel ihr überragendes Wissen aufgezeichnet haben. Bisher hat noch kein ernst zu nehmender Wissenschaftler eine Entschlüsselung erwogen.

Schädelkult

Im 19. Jh. waren alle Stücke, die irgendwie mit den Inka, Maya oder Azteken zu tun hatten, heiß begehrt. Eine Reihe von Menschen, aber auch Museen, bezahlten viel Geld für sie, was betrügerische Händler ausnutzten. Die Kristallschädel, so ist heute ziemlich sicher, stammen aus Idar-Oberstein, der bekannten deutschen Edelsteinstadt im Hunsrück. Für eine Ausstellung wurde dort 2011 aus einem 14-kg-Rohblock ein Kristallschädel geschliffen: Er wirkt uralt, ist aber brandneu.

Idar-Oberstein

ANASAZI-INDIANER

Spurlos verschwunden

Einer Legende nach tauchten die Anasazi-Indianer plötzlich aus einer Unterwelt auf, als Erde und Zeit geboren wurden. Die »geheimnisvollen Alten«, wie der Stamm von den Navajo-Indianern genannt wird, lebten ungefähr von 100 v. Chr. bis 1300 n. Chr. im Südwesten Nordamerikas – dann verschwanden sie unter mysteriösen Umständen wieder.

Was war geschehen? Hatte eine anhaltende Dürre sie dazu gezwungen, ihr Land zu verlassen? Waren sie vor einem feindlichen Stamm von Menschenfressern geflohen? Oder sind die Anasazi einfach in ihren Nachkommen, den Hopi-Indianern, aufgegangen? Sicher ist, dass ihre beeindruckenden, zum Teil turmartigen Felsbehausungen, die sie in Felsüberhänge bauten, seit rund 700 Jahren leer stehen.

Verlassen und vergessen

»Four Corners« nennt sich das Gebiet, in dem die US-Bundesstaaten Utah, Colorado, New Mexico und Arizona zusammentreffen. Dort, zum Teil in Schluchten wie dem Chaco Canyon oder im Schutz des zerklüfteten Tafelbergs Mesa Verde, hatten die Anasazi einst ihre Siedlungen. Sie betrieben Landwirtschaft und stellten Keramiken her. Ende des 19. Jh. entdeckten zwei Cowboys ihre seit Langem verlassenen Häuser.

Mesa-Verde-Nationalpark

MESA-VERDE-NATIONALPARK

Der Nationalpark im südwestlichen Teil von Colorado wurde im Juni 1906 gegründet, um rund 5000 archäologische Stätten auf dem Gebiet vor Plünderern zu schützen. Dort liegt mit dem »Cliff Palace« eine der größten Anasazi-Siedlungen. Sie besteht aus 150 Räumen sowie 23 Kivas, wie die kreisrunden, halb oder ganz unterirdisch angelegten Zeremonie- und Versammlungsräume der Pueblo-Indianer genannt werden.

Fluss Rio Grande

Völkerwanderung

Die Anasazi ernährten sich hauptsächlich von Mais, Kürbis, Melonen, Bohnen und Sonnenblumenkernen. Durch eine lang anhaltende Dürre, die ab Mitte des 12. Jh. einsetzte, wurden die Nahrungsmittel knapp. Forscher fanden Massengräber mit Skeletten von verhungerten Indianern. Sie gehen deshalb davon aus, dass der größte Teil der Anasazi auswanderte. Eine Hälfte soll sich weiter südlich am Rio Grande niedergelassen haben, eine andere am Tafelberg Black Mesa im Osten. Gesicherte Beweise gibt es dafür aber nicht.

Knochenfunde

Eine schreckliche Entdeckung machten zwei Archäologen aus Arizona: Sie fanden in den Gräbern angesägte Menschenknochen und solche, die Kratzspuren von menschlichen Zähnen aufwiesen. Sie nehmen an, dass entweder Menschen geopfert wurden, um den Regengott zu besänftigen, oder Kannibalen die Anasazi überfallen, gefoltert und getötet haben. Die Zahnabdrücke deuten auf Eindringlinge aus Mexiko hin: Bei den Tolteken etwa war es üblich, ausgefallene Zähne durch Jadesteine oder Türkise zu ersetzen – und die Anasazi waren ihre Türkislieferanten. Verließen die Anasazi ihre Heimat, um den Menschenfressern zu entgehen?

Schmuck aus Türkisen

Gute Baumeister

Im Chaco Canyon errichteten die Anasazi beeindruckende »Große Häuser«, die bis zu fünf Stockwerke hoch waren. Jedes von ihnen bestand aus rund 10 Mio. geschnittenen Sandsteinblöcken. In den Canyon führte ein insgesamt 600 km langes, weit verzweigtes Straßennetz. Manche dieser schnurgeraden Straßen sind bis zu 9 m breit, andere enden einfach in der Wüste. Waren es Transportwege oder dienten sie unbekannten Riten? Das wissen die Wissenschaftler bis heute nicht.

KELTEN

Geheimnisvolle Kultur

Um 750 v. Chr. beginnt die Zeit der rätselhaften Kelten, über deren Leben nur Vermutungen angestellt werden können – denn sie selbst hinterließen keinerlei Aufzeichnungen. Dieses Volk lebte in großen Teilen Europas und in der Türkei, es gliederte sich in verschiedene Stammesgruppen, die eine ähnliche Kultur und Sprache besaßen.

Die begnadeten Metallhandwerker schmiedeten Eisen, Gold und Silber. Sie förderten Salz und trieben Handel mit Völkern im Mittelmeerraum. Mit den Feldzügen der Römer und Germanen war die Kultur der Kelten um 40 n. Chr. nahezu verschwunden. Länger lebendig blieb sie in Britannien und Irland sowie – nach neuesten Erkenntnissen – in einem Teil der Welt, wo niemand sie je vermutet hätte.

Schreibfaules Volk

Die Kelten selbst haben keine Schriften hinterlassen – und zwar mit voller Absicht. Alles, was ihnen wichtig war, gaben sie mündlich weiter. Was die Forscher heute über die Kelten wissen – etwa wie sie ihr Zusammenleben gestalteten, welche Bräuche sie hatten –, geht aus Berichten der Griechen und Römer hervor. Weitere Einblicke in die Welt der Kelten geben Ausgrabungsfunde, insbesondere Grabbeigaben.

»Die Tapferen«

So lässt sich das Wort »keltoi« übersetzen, mit dem der griechische Geschichtsschreiber Herodot dieses Volk um 450 v. Chr. beschrieb. Wie die Kelten sich selbst bezeichneten, ist nicht bekannt. In römischen Überlieferungen wurden sie als tollkühne Draufgänger und blutrünstige Barbaren dargestellt, die ihren Pferden die abgeschlagenen Köpfe ihrer Feinde umhängten.

Fürsten, Druiden, Krieger

Der römische Feldherr und Kaiser Julius Cäsar beschrieb das Leben der Kelten in Gallien, dem heutigen Frankreich. Dort stand ein Fürst oder Häuptling an der Spitze eines Stammes. Er wurde von den Druiden beraten, die Priester und Heiler waren. Geschützt wurde das Volk von Kriegern. Dass es auch Fürstinnen gab, zeigen reich ausgestattete Gräber, wie etwa das Fürstinnengrab in Reinheim bei Saarbrücken. Die Kelten waren künstlerisch begabte Handwerker. Sie prägten Münzen mit Abbildungen von Tieren und Gesichtern, schufen goldene oder bronzene Hals- und Armreifen und andere Kunstwerke wie den Prunkhelm von Agris, der sehr fein aus Gold und Eisen gearbeitet wurde, oder auch den »Keltenfürst vom Glauberg«, eine 1,86 m große Steinstatue ohne Füße.

Langer Widerstand

Am längsten wehrten sich die keltischen Stämme in Britannien und Irland gegen die Unterwerfung durch die Römer. Berühmt wurde der Aufstand unter der Stammesführerin Boudicca 60 n. Chr., doch sie konnte die Besatzer nicht vertreiben. Im 5. Jh. verdrängten die Germanen die keltische Kultur. Reste blieben jedoch erhalten: in der Musik, in Mustern von Schmuckstücken und keltischen Sprachen wie etwa Irisch, Walisisch, Schottisch-Gälisch oder Bretonisch.

Keltenfürst vom Glauberg

BLONDE NACHFAHREN?

»Gringuitos«, Fremde, werden Peruaner mit auffällig blonden oder roten Haaren und Sommersprossen genannt: Sie sind vermutlich Nachfahren der Kelten, die lange vor Christoph Kolumbus nach Südamerika gesegelt waren. Der Kulturhistoriker und Dokumentarfilmer Hans Giffhorn fand bei den Chachapoya, einem südamerikanischen Bergvolk, Steinbauten sowie Steinschleudern, die auch die Kelten benutzten.

BERMUDADREIECK

Mysteriöses Unglücksgebiet

Zwischen den Bermudainseln, der Südspitze Floridas und der Insel Puerto Rico liegt im westlichen Atlantik das berühmt-berüchtigte Bermudadreieck: In diesem Gebiet verschwinden ohne erkennbaren Grund seit Jahrzehnten Schiffe und Flugzeuge samt Besatzung. Viele der Unglücksfälle konnten nicht geklärt werden, weil keine Wrackteile auftauchten.

Die Ereignisse führten zu wilden Erklärungsversuchen: Es handle sich um Entführungen durch Außerirdische, um ein Wurmloch, das in eine Parallelwelt führt, oder den Sog eines unbekannten Kraftfelds, das alles in seinem Umfeld ins Verderben reißt. Forscher suchen nach Gründen, die wissenschaftlich beweisbar sind, doch auch sie können nicht alles an den Vorfällen schlüssig erläutern.

Flug 19

Nach einer Reihe von Flügen sollte eine amerikanische Fliegerstaffel noch ein letztes Manöver durchführen. Die vier Piloten in Ausbildung und ihr erfahrener Fluglehrer starteten am 5. Dezember 1945 in fünf Kampfflugzeugen von Florida aus und kehrten nie wieder zurück. Eines der Suchflugzeuge mit 13-köpfiger Besatzung, das sich noch am selben Tag aufmachte, ging ebenfalls verloren. Rettungsschiffe fanden nur eine große Öllache im Atlantik.

Grumman TBF Avenger

Menschliches Versagen

Ein ausgefallener Kompass des Fluglehrers könnte Flug 19 in die Irre geleitet haben, vermuten Wissenschaftler. Er wähnte sich in Nähe der Küste, war aber tatsächlich weit draußen auf dem Meer. Statt landeinwärts flog er landauswärts und seine Schüler hinterher. Schließlich ging allen der Treibstoff aus. Der Versuch, auf dem Meer notzuwassern, scheiterte an den schlechten Wetterverhältnissen: Die Flieger versanken in der rauen See.

Alles Erfindung?

In den 1920er-Jahren ging ein japanischer Frachter im Bermudadreieck verloren, 1963 ein mit flüssigem Schwefel beladenes amerikanisches Tankschiff. Doch es verschwand in einem Gebiet, das nicht zum Bermudadreieck gehört. In mehreren reißerischen Büchern über das Unglücksgebiet werden vermisste Flugzeuge und Schiffe aufgezählt, die sich zum Zeitpunkt ihres Verschwindens ebenfalls außerhalb der angeblich so gefährlichen Meeresregion aufhielten. Statistische Untersuchungen ergaben: Schiffs- und Flugzeugkatastrophen ereignen sich im Bermudadreieck nicht häufiger als an anderen Orten der Welt.

Fehlende Wrackteile

Auffällig ist jedoch, dass nach dem Verschwinden eines Schiffs oder Flugzeugs im Bermudadreieck oft keine Wrackteile gefunden wurden. Aus diesem Grund glauben einige Menschen an Kidnapping durch Aliens oder an einen Sog physikalisch nicht nachweisbarer Kraftfelder. Wissenschaftler erklären das Phänomen mit dem Golfstrom: Diese Meeresströmung fließt ziemlich schnell aus der Meerenge von Florida entlang der amerikanischen Ostküste nach Norden. Sie könnte Wrackteile mitgerissen haben, die dann an anderer Stelle im Atlantik versanken.

Meerenge Florida – Kuba (Floridastraße)

SPANNUNGSVERLUST

Ist Methangas daran schuld, dass im Bermudadreieck immer wieder Schiffe verschwinden? Forscher haben in dem Gebiet riesige Methangasvorkommen entdeckt. Es ist meist in Brocken gebunden, kann aber zum Beispiel bei einem Seebeben plötzlich und in großen Mengen entweichen. Dann verringert sich die Dichte des Wassers, es verliert seine Oberflächenspannung. Reicht das wirklich aus, um großen Schiffen ihren Auftrieb zu nehmen und sie untergehen zu lassen?

Eingeschlossenes Methan

TUNGUSKA-KATASTROPHE

Gewaltige Explosion

Am 30. Juni 1908 raste ein gewaltiger Feuerball auf Sibirien nahe des Flusses »Steinige Tunguska« zu. Ein greller Blitz erleuchtete den Himmel und es erfolgte eine gewaltige Explosion. Durch die Druck- und Hitzewelle wurden auf einer riesigen Fläche 60 Mio. Bäume umgeknickt wie Streichhölzer. In einer kleinen, 65 km entfernten Siedlung zerbarsten Türen und Fenster. Die Sprengkraft, so errechneten Forscher, hatte die Wucht von bis zu 1000 Hiroshima-Atombomben.

Was war der Auslöser der Explosion? Unterirdische Gasmassen, die schlagartig ausgetreten waren? Der Absturz eines UFOs? Winzige Antimaterie-Teilchen, die eine Art Urknall verursachten? Ein Meteorit, der in der Taiga niederging? Bis heute ist unklar, was genau geschah.

Gas-Entzündung

Dem Tunguska-Ereignis ging ein leichtes Erdbeben voraus und Augenzeugen sahen angeblich seltsame Leuchterscheinungen. Daraus schlossen einige Wissenschaftler, Erdgas sei durch Risse in der Erdkruste ausgetreten, in höhere Luftschichten aufgestiegen, habe sich entzündet und sei nach unten hin abgebrannt. Allerdings wurde damals von einer großen Druckwelle und einem Hitzesturm berichtet – bei einem Erdgasfeuer treten solche Phänomene nicht auf.

Heldenhafte Aliens

2004 meldeten russische Forscher, das größte Rätsel des 20. Jh. sei gelöst. Sie gaben an, sie hätten Reste eines außerirdischen Flugobjekts im Tunguska-Tal entdeckt. Andere Wissenschaftler zweifelten dies ebenso an wie die abenteuerliche Geschichte der Russen dazu: 1908 wäre ein Komet von einer Milliarde Tonnen Gewicht auf die Erde

zugerast. Ein Einschlag hätte den Weltuntergang bedeutet. Außerirdische in einem Raumschiff hätten sich geopfert, um die Menschheit zu retten: Sie stürzten sich in ihrem Flieger auf den Kometen und sprengten ihn in 10 km Höhe über der Erdoberfläche in die Luft.

Wo ist der Krater?

2007 erregten zwei italienische Wissenschaftler Aufsehen: Sie behaupteten, sie hätten in 8 km Entfernung von der Tunguska-Explosion den lange gesuchten Einschlagskrater eines Meteorits entdeckt. Das Loch sei inzwischen mit Wasser gefüllt und bilde den Tscheko-See. Was noch fehlt, um ihre Annahme zu untermauern, sind Trümmer des angeblich 1908 niedergegangenen Meteorits. Die Forscher planen, den See nach Meteoriten-Stücken abzusuchen.

MÜCKENEXPLOSION

Könnten Insekten Auslöser des großen Knalls in Sibirien gewesen sein? Auch diese Idee wurde in Erwägung gezogen: Da im Sommer der Dauerfrostboden in der Taiga auftaut, verwandelt sich das Gebiet in einen riesigen Sumpf. Das habe damals unzählige Mücken angelockt, die sich aneinanderrieben, sich dadurch erhitzten und dann explodierten. Dass niemals Rückstände gefunden wurden, erklärt sich von selbst.

METEORIT VON TSCHELJABINSK

Wie es aussieht und sich anfühlt, wenn ein Meteorit plötzlich über einem niedergeht, erlebten die Einwohner der russischen Stadt Tscheljabinsk am 15. Februar 2013. Der Himmel wurde gleißend hell, Fenster zersprangen, Menschen wurden von ihren Füßen gerissen und von herumfliegenden Splittern verletzt. Kameras, die viele russische Autofahrer in ihren Wagen haben, nahmen das Ereignis aus verschiedenen Blickwinkeln auf. Reste des Meteorits wurden in einem 80 km weit entfernten See gefunden: Das größte Stück wog 570 kg.

ROSWELL

Absturz von Aliens?

Seltsames ereignete sich im Juni 1947 in dem kleinen Städtchen Roswell im US-Bundesstaat New Mexico: Nach einer Gewitternacht ritt ein Farmer seine Weiden ab und fand dabei mysteriöse Wrackteile. Er sammelte sie ein und übergab sie dem Sheriff. Dieser verständigte das Militär, das daraufhin das Gelände absperrte und weitere Trümmer sicherte.

Anfang Juli vermeldeten mehrere Zeitungen die Sensation: Bei den entdeckten Überresten handle es sich um Teile eines abgestürzten UFOs! Die US-Armee stellte sofort klar, es wäre nur ein zerfetzter Wetterballon. Erst 30 Jahre später fanden Journalisten Menschen, die behaupteten, die Fundstücke seien »nicht von dieser Welt« gewesen, und es hätte damals Tote gegeben – kleinwüchsige Außerirdische!

Augenzeugen?

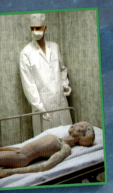

Mehrere Einwohner von Roswell sagten aus, sie hätten gesehen, wie die Aliens in »Särgen« abtransportiert worden seien. Eine Krankenschwester behauptete sogar, sie sei bei den Untersuchungen der toten Außerirdischen in einer Klinik dabei gewesen. Zwar tauchten immer wieder Schwarz-Weiß-Fotos von den Aliens und sogar ein Film auf – es waren aber alles Fälschungen.

Geheimprojekt

1994 erhielten UFO-Anhänger Einblick in streng geheime Unterlagen zu dem Vorfall in Roswell. Die Aufzeichnungen berichteten von Tests mit Ballons, an denen sogenannte Radarreflektoren befestigt waren. Die beteiligten Wissenschaftler wollten herausfinden, ob damit Schallwellen aufgespürt werden könnten, die auf Atomtests in der Sowjetunion hindeuteten. In der Zeit des Kalten Krieges, als die USA und die UdSSR sich feindlich gegenüberstanden, er-

Gruselpuppen

Aber was war mit den toten Aliens, die einige Bürger von Roswell angeblich gesehen hatten? Die Armee warf damals wiederholt menschenähnliche Puppen aus Ballons, um ihr Fallverhalten für die Entwicklung neuer Fallschirme zu testen. Nicht alle – oft stark in Mitleidenschaft gezogene – Versuchspuppen wurden sofort wieder eingesammelt und in sargähnlichen Kisten abtransportiert. Wer unverhofft auf solch ein »unbekanntes Wesen« stieß, hielt es vermutlich für einen Außerirdischen.

schien das überlebenswichtig. Eine Erklärung für Stäbe mit eigenartigen Schriftzeichen, die einige Zeugen in den Trümmern gesehen hatten, gab es auch: Sie stammten von einem bedruckten Klebeband mit Blumenmuster, das sich auf einige der Holzteile übertragen hatte.

Zu Recht misstrauisch

Nicht immer erzählt das Militär die Wahrheit, das wussten die Bürger von Roswell aus eigener Erfahrung. 1945 war in der Wüste von New Mexico etwa 200 km westlich der Stadt die erste Plutoniumbombe der Welt gezündet worden. Die Kernwaffenexplosion, die – je nach Abstand – zur kompletten Verdampfung von Menschen oder zu Verbrennungen und radioaktiver Verstrahlung führt, wurde von der Armee als harmloser Munitionstest dargestellt.

Alien-Hochburg

Tatsächlich wird Roswell inzwischen jedes Jahr im Juli von Aliens überlaufen: Tausende als Außerirdische verkleidete Menschen pilgern dann zum alljährlichen UFO-Festival in die kleine Stadt. Sie zeigen sich in selbst gebauten »fliegenden Untertassen«, besuchen Vorträge über Lebewesen auf anderen Planeten, halten eine UFO-Parade ab oder träumen sich im Planetarium ins Weltall. Sollte ein Raumschiff mal Triebwerksprobleme haben, Roswell ist darauf vorbereitet. Die Stadt wirbt mit dem Spruch »Ein toller Ort zum Abstürzen«.

DEATH VALLEY

Wandernde Steine

Das »Tal des Todes« liegt in der Mojave-Wüste östlich der Sierra Nevada, ein Gebirgszug, in Kalifornien (USA). Es trägt seinen Namen nicht umsonst: Am 10. Juli 1913 wurden 56,7 °C im Schatten erreicht. Es ist die dritthöchste jemals auf der Erde gemessene Lufttemperatur – lebensbedrohlich heiß.

Dort sind in einem ausgetrockneten See seltsame Schleifspuren zu sehen. Einige von ihnen sind nur wenige Zentimeter, andere um die 1000 m lang. Wer ihnen folgt, stößt auf ... Steine. Was die Felsbrocken in Bewegung versetzt, bringt Forscher nach wie vor ins Grübeln. Wahrscheinlich gibt es mehrere Gründe für die Bewegungen, die das menschliche Auge anscheinend nicht direkt wahrnehmen kann.

»Rennbahn-Ebene«

So lautet die Übersetzung für die »Racetrack Playa«, die 1120 m über dem Meer liegt. Sie wird, vor allem im Winter, von Felsbrocken in allen Größen durchwandert. Die Oberfläche dieser Ebene besteht aus Lehm, die im Sommer rissig und spröde ist. In der kalten Zeit wird sie von Niederschlag befeuchtet und wesentlich glatter. Die Steine könnten darauf ins Rutschen geraten.

SELTSAME SPUREN

Die von den wandernden Steinen hinterlassenen Schleifspuren verwirren die Forscher: Sie verlaufen nicht nur gerade, sondern auch im Zickzack, in Kreisen oder Kurven. Manche Steine scheinen abrupt ihre Richtung zu verändern, und zwar in einem 90°-Winkel, andere schaffen es sogar leicht bergauf oder schieben Erde vor sich her. Einige Steine bewegen sich paarweise vorwärts, und am Ende mancher Spuren fehlen die Steine ganz.

Viele Vermutungen

Bakterien, Energiefelder, Wirbelstürme – auch sie wurden in Betracht gezogen, um die heimliche und unvorhersehbare Herumtreiberei der Felsen zu erklären. In den 1960er-Jahren fand die Vorstellung großen Anklang, Außerirdische würden mit den Steinen geheime Botschaften für die Menschheit in den Wüstenboden schreiben. Ernst zu nehmende Wissenschaftler zogen eher Erderschütterungen oder Tiere in Betracht. Aber auch dafür fanden sich keine Belege. Die Wanderungen sind zudem nicht auf eine Besonderheit der Steine zurückzuführen. Sie sind auch nicht von den Hängen hinab in die Ebene gerollt, dafür liegen sie zu weit von ihnen entfernt.

Eisfilm

Neueste Untersuchungen ergaben: Größere Felsbrocken wandern schneller als kleinere. Trotzdem ist sehr viel Kraft nötig, um sie vorwärtszutreiben: Wind allein, kann es nicht sein, er müsste dazu mit bis zu 250 km/h wehen. Nur wenn die Reibung der Steine auf dem Untergrund verringert wird, kämen sie einfacher vorwärts. Das bewirkt Eis, wie Anfang 2014 wissenschaftlich nachgewiesen wurde: Vor allem im Winter sinken die Temperaturen im Death Valley stark. Überzieht dann ein Eisfilm die Steine, geraten sie ins Schlittern, wenn dieser im Laufe des Tages antaut. Die Windrichtung bestimmt dann, wohin es sie treibt.

»Watschel-Theorie«

Doch nicht alle Bewegungen lassen sich so erklären. Daher ist eine weitere Idee, die sich um Wasser und Eis dreht, interessant. Eine Gruppe amerikanischer Studenten glaubt, auch Druckunterschiede bewegen die Steine vorwärts: Während Wasser auf der einen Seite des Felsbrockens flüssig bleibt, gefriert es auf der anderen Seite und hebt den Stein an. Taut es wieder auf, kann die veränderte Lage das Wasser an anderer Stelle gefrieren lassen und dort anheben. Handfeste Belege für ihre »Watschel-Theorie« suchen die jungen Forscher noch.

BERNSTEINZIMMER

Verschollener Kunstschatz

Wie prachtvoll das Bernsteinzimmer einst gewesen ist, davon können sich Besucher des Katharinenpalasts in Puschkin bei Sankt Petersburg, Russland, heute wieder ein Bild machen: Dort erstrahlt sein Nachbau seit 2003 im alten Glanz. Mithilfe von Spenden und alten Fotos war es in 24-jähriger Arbeit wiederhergestellt worden.

Doch wo ist das Original? Während des Zweiten Weltkriegs schafften deutsche Soldaten die wertvollen Wandvertäfelungen nach Königsberg. Was danach mit dem Bernsteinzimmer geschah, weiß – wahrscheinlich – niemand. Wurde es zerstört oder gut versteckt? Da während der Wiederherstellungsarbeiten Teile des ursprünglichen Zimmers auftauchten, hoffen Schatzsucher aus aller Welt nach wie vor, es zu finden.

»Achtes Weltwunder«

Peter der Große

Das kostbare Bernsteinzimmer sollte eigentlich das Charlottenburger Schloss in Berlin zieren, wurde dann aber im Berliner Stadtschloss eingebaut. Bei einem Treffen mit dem preußischen König Friedrich Wilhelm I. sah der russische Zar Peter der Große das »Achte Weltwunder« dort zum ersten Mal. Der russische Herrscher bewunderte das Zimmer so sehr, dass der preußische König es ihm 1716 schenkte.

Vermeintlicher Edelstein

Bernstein ist versteinertes Harz von Urzeitbäumen. Er wird oft an der Ostseeküste angeschwemmt, ist erstaunlich leicht und wegen seiner goldgelben bis braunen Farbtöne als Schmuck beliebt. Paläontologen, die sich mit der Erdgeschichte befassen, interessieren sich auch für ihn: Manchmal sind im Bernstein Insekten oder Teile von Pflanzen eingeschlossen, die vor Jahrmillionen auf der Erde existierten.

Verbrannt oder versteckt?

In Sankt Petersburg ließ Zarin Elisabeth, Tochter Peter des Großen, das Bernsteinzimmer noch vergrößern. Es schmückte erst einen Raum im Winterpalast, später im Katharinenpalast in Zarskoje Selo (heute: Puschkin), 25 km südlich der damaligen russischen Hauptstadt. 1941 bauten es deutsche Wehrmachtssoldaten dort ab und stellten es zwei Jahre im Schloss der Stadt Königsberg aus, die damals noch zum Deutschen Reich gehörte. Ob es dort bei einem Bombenangriff im Feuer vernichtet wurde – Bernstein ist brennbar – oder an einen sicheren, aber bisher nicht entdeckten Ort gebracht wurde, ist seit Jahrzehnten die stets gleiche Frage.

Endlose Schatzsuche

Reste des Königsberger Schlosses wurden gesprengt, der Boden eingeebnet. Doch es halten sich hartnäckig Gerüchte, es gäbe dort unterirdische Kellergewölbe: Sie könnten das Bernsteinzimmer bergen. Oder war es auf die »Wilhelm Gustloff« verladen worden, ein Schiff, das Anfang 1945 in der Ostsee versank? Auch so manches Schloss sowie Bergwerksstollen oder Katakomben, vor allem in Ostdeutschland, kamen nach Ansicht mancher Glücksritter als Versteck infrage – entdeckt wurde das Bernsteinzimmer nirgends.

Was wusste Gurlitt?

Anfang 2012 wurde in einer Wohnung in München-Schwabing ein aufsehenerregender Fund gemacht: Der Sohn eines Kunsthändlers, der auch für die Nazis gearbeitet hatte, Cornelius Gurlitt, hortete zu Hause 1280 Kunstwerke. Sie galten ebenfalls als im Zweiten Weltkrieg verschollen oder verbrannt. Ein naher Angehöriger der Familie behauptete, Cornelius Gurlitt wisse, wo sich das Bernsteinzimmer befinde. Sollte das stimmen, nahm er das Geheimnis mit ins Grab: Er starb mit 81 Jahren im Mai 2014.

DRACULA

Unsterblicher Vampir

Ungewöhnlich blasse Haut, kein eigenes Spiegelbild und eine seltsame Reaktion auf Blut – das sind nur einige Kennzeichen des berühmt-berüchtigten Grafen Dracula. Der untote, lichtscheue Vampir, der tagsüber reglos in einem Sarg liegt, ist eine Legende. Die Schauergeschichten, die sich um dieses blutdürstige Wesen ranken, sorgen noch heute für Nervenkitzel und Gänsehaut.

Doch was ist dran an dieser Erzählung? Ist sie nur die Erfindung eines Schriftstellers aus dem 19. Jh. oder hat sie einen wahren Kern? Hat Dracula tatsächlich in einem düsteren Schloss irgendwo in den Karpaten gelebt? Und war er der einzige Vampir oder nur einer von vielen Unsterblichen, die das Geheimnis ewiger Jugend kannten?

Romanfigur

Vlad III. war Vorbild für den Vampir im Roman »Dracula«, den der irische Schriftsteller Bram Stoker 1897 veröffentlichte. Er handelt von einem bleichen Grafen aus Transsilvanien mit langen, spitzen Zähnen und einem unnatürlich roten Mund. Er treibt in London sein Unwesen, saugt Menschen Blut aus und macht sie so zu Untoten. Die Gruselgeschichte wurde weltberühmt und später mehrfach verfilmt.

Brutaler Herrscher

Vlad III. lebte im 15. Jh. als Fürst im Süden des heutigen Rumäniens. Er trug den Beinamen »Drăculea«, was kleiner Drachen oder Teufel bedeutet. Seine Landsleute beschrieben ihn als mutigen Kämpfer gegen die Türken, seine Gegner schilderten ihn als grausamen Mörder. Er soll für den Tod Zehntausender Menschen verantwortlich sein, die er massenhaft ertränken, verbrennen oder mit riesigen Pfählen durchbohren ließ.

Alter Volksglaube

In Osteuropa gibt es schon seit Jahrhunderten Geschichten von Toten, die nachts ihre Gräber verlassen und ahnungslose, schlafende Menschen heimsuchen. Solche Wesen, »Vampire« genannt, machte man für Krankheiten, Seuchen und plötzliche Todesfälle verantwortlich. Als Schutz vor den vermeintlichen Blutsaugern hängten die Menschen Knoblauch und Holzkreuze auf oder trugen sie bei sich. Entdeckten Dorfbewohner einen Vampir – meist war es ein unschuldiger Nachbar, – wurde mit ihm kurzer Prozess gemacht: Man trieb einen Holzpflock in sein Herz. Das galt als einziges Mittel zur Vernichtung von Vampiren.

Totenrituale

Damit ein Verstorbener im Sarg bleibt oder als Geist nicht wieder ins Haus zurückkehrt, werden in Rumänien bei einem Todesfall noch heute Fenster und Türen mit Knoblauch oder dornigen Rosen geschmückt. An allen vier Ecken des Sarges stellen Angehörige Kerzen auf, damit der Tote den Weg ins Jenseits auch ganz sicher findet. Mohn in den Sarg zu streuen, ist ein weiterer Brauch und dient alleine der Ablenkung: Beginnt der Geist des Verstorbenen die Samen zu zählen, vergisst er die Lebenden und bleibt nicht an ihnen haften.

Draculas Schloss

Schloss Bran in der Stadt Brasov im rumänischen Transsilvanien sieht genauso aus wie Draculas Burg, die Bram Stoker in seinem Roman beschrieben hat. Die Festung entstand vermutlich im 14. Jh. und war früher eine Grenz- und Zollburg. Später verbrachten dort die rumänischen Könige den Sommer. In alten Unterlagen haben sich bisher keine Beweise dafür gefunden, dass Vlad III. in dem Schloss gelebt oder es jemals betreten hat. Trotzdem wird es von vielen Vampir-Fans besucht.

ROBIN HOOD

Legendärer Rächer

Den Reichen das Geld abnehmen und es an die Armen verteilen – für diese Art von Gerechtigkeit war Robin Hood berühmt. Der edle englische Räuber und mutige Bogenschütze soll sich im Mittelalter zusammen mit einigen Getreuen gegen den grausamen Sheriff von Nottingham zur Wehr gesetzt haben, der die Menschen ausbeutete und ihr Hab und Gut an sich brachte.

So erzählen es verschiedene Balladen, die früher mündlich weitergegeben wurden. Hat Robin Hood wirklich gelebt und setzte er sich tatsächlich für seine unterdrückten Landsleute ein? Im Laufe der Jahrhunderte machten Schriftgelehrte und Historiker verschiedene Vorschläge, wer als Robin Hood infrage kommen könnte. Doch ob der echte darunter ist, weiß niemand.

Kühner Held

Den ältesten Überlieferungen nach lebte Robin Hood als Geächteter zusammen mit seinen Gefährten Little John, Friar Tuck und Will Scarlett im Sherwood Forest, einem Wald in Nottinghamshire, einer Grafschaft in Mittelengland. Sie wurden aus der Gesellschaft ausgeschlossen, weil sie sich gegen die Obrigkeit aufgelehnt hatten. Doch da diese habgierig war und ihre Untertanen ausbeutete, waren die Vogelfreien eigentlich im Recht und ihre Taten entschuldbar.

Von Robert zu Robin?

Viele halten Robert Fitzooth, den Earl von Huntingdon, für den wahren Robin Hood. Er wurde im 12. Jh. enteignet und zum Gesetzlosen. Sein Geburtsort ist – wie beim Robin Hood aus den Balladen –

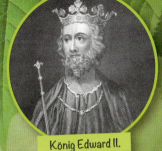

König Edward II.

Loxley. Als weiterer Anwärter gilt der Angelsachse Robert de Kyme, der etwas später in derselben Gegend gelebt hat. Er wurde wegen eines Diebstahls geächtet und floh in den Sherwood Forest. Auch Robert Hood, er war 1322 an einem Aufstand gegen König Edward II. beteiligt, kommt in Betracht. Der Herrscher soll ihn begnadigt und zu seinem Kammerdiener gemacht haben – sein Name wird in Unterlagen des Königs erwähnt.

Spitzname

»Robin Hood« ist kein echter Name, sondern war im 13. Jh. ein oft vergebener Spitzname, der so viel wie »Gesetzesbrecher« bedeutet. Der Name tauchte deshalb sehr häufig in mündlichen Erzählungen und später in verschiedenen Schriften auf. Das macht es für Forscher so schwierig, den einzig wahren Robin Hood zu finden.

Frei erfunden

Ab Mitte des 15. Jh. gehörten Robin-Hood-Spiele zum englischen Maifest. Dabei ließen Schauspieler den gewitzten Bogenschützen und seinen Kampf für wahre Gerechtigkeit lebendig werden und sammelten Geld für Bedürftige. In dieser Zeit wurde die Erzählung auch um Robin Hoods unsterbliche Liebe zu Lady Marian erweitert. Beides rührt die Menschen bis heute an, weshalb die abenteuerliche Geschichte von Robin Hood – ob er nun gelebt hat oder nicht – nie langweilig wird und seit 1912 mehrfach erfolgreich verfilmt werden konnte.

Bogenschiessen

Pfeil und Bogen gehören zu den ältesten Jagdwaffen der Menschheit. Später wurden sie auch in Kriegen für Angriff und Verteidigung eingesetzt. Bogenschützen waren entweder zu Fuß unterwegs und schossen damit von Streitwagen oder vom Pferderücken aus auf ihre Gegner. Bereits im Mittelalter traten Bogenschützen auch in Wettbewerben gegeneinander an. Heute ist Bogenschießen eine Sportart, die seit 1972 zu den Olympischen Spielen zugelassen ist.

UNGEHEUER VON LOCH NESS

Monster im See

Immer wieder taucht das Ungeheuer von Loch Ness in einem See in den schottischen Highlands auf. Den Beschreibungen und wenigen Fotos nach, ähnelt es einer riesigen Seeschlange oder einem Dinosaurier. »Nessie«, wie das sagenhafte Wesen auch genannt wird, ist inzwischen weltberühmt und hat sogar einen eigenen Fan-Club.

Obwohl seit Jahrzehnten nach dem Monster gesucht wird, blieb es bisher in den Tiefen des Wassers verborgen. Handelt es sich also nur um eine Fantasiegestalt, und alle Sichtungen wurden von Menschen erfunden, die berühmt werden wollten? Oder lebt am Grund des Sees vielleicht wirklich ein scheuer Nachkomme eines längst ausgestorbenen Urzeittiers?

Gefälschtes Foto

Im April 1934 fotografierte ein Chirurg im Loch Ness ein Wesen mit langem Hals und einem kleinen, reptilartigen Kopf: Das Foto galt lange Zeit als Beweis für die Existenz des Ungeheuers. 1994, kurz vor seinem Tod, erklärte jedoch der Schauspieler und Großwildjäger Marmaduke Wetherell, in Wirklichkeit sei er der Trickfotograf gewesen. Er habe »Nessie« aus Ton geformt und auf einem Spielzeug-U-Boot durch den See fahren lassen.

Geburtsstunde

1933 entdeckte das Ehepaar Mackay am Loch Ness zwei dunkle Buckel auf dem Wasser: Sie maßen nach ihren Angaben etwa 6 m und gehörten zu einer Kreatur, die sich rollend durch den See bewegte. Die Zeitung »Inverness Courier« berichtete über dieses aufsehenerregende Ereignis und sprach von einem »Monster« im See: Das Ungeheuer von Loch Ness war geboren.

Urzeit-Reptil?

Langer Hals, kleiner Kopf und vier paddelartige Flossen – der Beschreibung nach könnte es sich beim Ungeheuer von Loch Ness um einen Plesiosaurus handeln. Dieses Meeresreptil lebte im Mesozoikum (Erdmittelalter) vor 208,5 bis 66 Mio. Jahren, war zwischen 3 bis 15 m lang und musste zum Luftholen immer wieder an die Oberfläche tauchen. Es ist aber schon vor langer Zeit ausgestorben – und ein einzelner dieser Saurier hätte nicht Jahrmillionen überdauern können. Würde aber eine ganze Schar dieser Urzeitwesen in dem See leben, müsste das Ungeheuer viel häufiger zu sehen sein.

Von Baumstamm bis Riesenstör

Loch Ness wurde mehrfach mit modernster Technik nach einem Ungeheuer durchkämmt, aber es blieb unauffindbar. Deshalb glauben Wissenschaftler, auf dem Wasser treibende Baumstämme, Lichtspiegelungen oder Riesenfische – 1961 wurde ein 3,5 m langer Stör beobachtet – könnten fälschlicherweise für das Ungeheuer gehalten werden. 2014 zeigte ein Satellitenbild im Nordteil des Sees einen monsterähnlichen Umriss unter Wasser. Mitglieder des »Official Loch Ness Monster Fan Clubs« sind sich sicher: Nessie lebt!

Stör

SCHWIMMENDE ELEFANTEN

Ein schottischer Paläontologe behauptet, das Ungeheuer von Loch Ness seien Elefanten gewesen. 1933 hielt sich ein Zirkus in Inverness auf. Der Zirkusdirektor ließ seine Elefanten ein Bad im südlich dieser Stadt gelegenen See nehmen. Nur ihre Rüssel und Rücken ragten beim Schwimmen heraus – und wurden für ein Seemonster gehalten. Der Zirkusdirektor setzte ein hohes Kopfgeld auf das Ungeheuer aus – und machte so Werbung für sein kleines Unternehmen.

YETI

Schneemensch im Himalaja

Viele Hirten, die in abgelegenen Gegenden des Himalajas ihre Yak-Rinder hüten, sind dem Yeti schon begegnet. Groß und wild sei dieser zweibeinige Schneemensch, sagen sie, er habe ein rötlich-braunes Fell, riesige Füße und Klauen und stinke entsetzlich. Er ist auch für seine übermenschlichen Kräfte und seine Lieblingsspeise bekannt: frische Gehirne.

Ist das nur ein Schauermärchen über einen Dämon, mit dem kleinen Kindern in Tibet, Bhutan und Nepal Angst eingejagt wird, damit sie schön artig sind und im Freien gut auf sich achten? Oder lebt im höchsten Gebirge der Erde ein Halbwesen aus Mensch und Affe, das die Wissenschaft bisher noch nicht erforschen konnte?

Kryptozoologie

Neben den bekannten Tieren gibt es auch solche, die noch nie ein Mensch gesehen hat. Sie werden oft in Sagen, Märchen oder der Volkskunde beschrieben. Diese verborgenen Tiere aufzuspüren, gehört zu den Aufgaben der Kryptozoologie. Nicht immer sind es reine Fantasie- oder Fabelwesen: Anfang des 20. Jh. galten z. B. Erzählungen rund um Berggorillas als reiner Unsinn, doch diese Affenart gibt es wirklich.

Lebensraum Hochgebirge

Aus »Ye« für Fels und »The« für Tier bilden die Sherpa ihren Namen für den Schneemenschen. Die Tibeter bezeichnen ihn als »Migö«, Wilder Mann, oder »Gang Mi«, Gletschermann. Als im 20. Jh. auch berühmte Bergsteiger von Begegnungen mit dem Yeti erzählten und sogar seine Spuren im Schnee fotografierten, begannen Kryptozoologen und andere Forscher sich für das vermeintliche Fabelwesen zu interessieren.

Spuren im Schnee

Im Kloster von Khumjung, einem Dorf in Nepal, ist ein Yeti-Skalp ausgestellt, und auch die Erstbezwinger des Mount Everest – Edmund Hillary und Tenzing Norgay – besaßen ein solch seltenes Stück. Untersuchungen ergaben jedoch, dass die Skalpe mit Haut und Haaren von Bergziegen, Schafen oder Asiatischen Kragenbären angefertigt worden waren. Die 30 bis 40 cm großen Yeti-Spuren im Schnee, die auch dem berühmten Südtiroler Bergsportler Reinhold Messner auffielen, stammen aller Wahrscheinlichkeit nach vom Tibetischen Braunbären. Bären setzen beim Gehen ihre Pfoten oft in die eigenen Spuren, wodurch sie größer werden.

Yeti-Studien

Lebt der Yeti nicht nur im Himalaja, sondern auch im sibirischen Altai-Gebirge? Eine internationale Forschergruppe will bei einer Expedition dort ebenfalls Spuren des Schneemenschen entdeckt haben. Und nicht nur das: Sie spürten angeblich auch sein Schlaflager auf und verschiedene Markierungen, mit denen er sein Revier absteckt. Die Wissenschaftler planen, gezielt Yeti-Studien zu betreiben und ihre Ergebnisse in einer Yeti-Fachzeitschrift zu veröffentlichen.

Khumjung (Dorf)

Eisbär-Urahn

Desoxyribonukleinsäure (DNA) ist bei allen Lebewesen Träger von Erbinformationen, der Gene. Der britische Genforscher Bryan Sykes untersuchte 2013 die DNA in Geweberesten, die nach Yeti-Sichtungen gesammelt wurden. Er machte dabei eine erstaunliche Entdeckung: Zwei der Proben stimmten mit DNA aus Norwegen überein. Sie waren dem Kieferknochen eines Vorfahren des heutigen Eisbären entnommen worden. Lebt im Himalaja also eine unbekannte Bärenart, die Einheimische als Yeti bezeichnen?

ÖTZI

Uralte Gletschermumie

Bei einer Wanderung im September 1991 fand ein deutsches Ehepaar in den Ötztaler Alpen (Österreich/Italien) einen leblosen Körper. Da die Urlauber glaubten, es wäre ein abgestürzter Bergsteiger, verständigten sie die Bergwacht. Erste Untersuchungen ergaben: Bei dem Toten handelte es sich um eine Gletschermumie. Später wurde klar, der Mann starb vor 5000 Jahren.

»Ötzi« taufte ein Journalist den sensationellen Fund. Die Mumie – sie befindet sich heute in einem Museum in Bozen – sowie Ausrüstungsgegenstände waren sehr gut erhalten. So konnten Archäologen sich ein Bild vom Leben des Mannes aus der Kupfersteinzeit machen. Es kamen aber auch Fragen auf: Was hatte Ötzi in den Bergen gemacht? Warum war er tätowiert? Starb er bei einem Kampf oder wurde er ermordet?

Gefriergetrocknet

Ötzi ist eine sogenannte Feuchtmumie. In den Körperzellen blieb Feuchtigkeit gespeichert, was das Gewebe elastisch hielt. Die Leiche wurde im Gletscher tiefgefroren und lag geschützt unter Eismassen begraben, weshalb sie nicht verweste, sondern trocknete und schrumpfte. Forscher errechneten, dass Ötzi zu Lebzeiten etwa 1,60 m groß war und 50 kg wog.

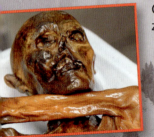

Gut gerüstet

Der Mann aus dem Eis trug ein Kupferbeil bei sich, mit dem er sich verteidigen, aber auch – innerhalb von 35 Minuten, wie Experimente ergaben – Bäume fällen konnte. Pfeil und Bogen sowie ein Dolch aus Feuerstein dienten der Jagd und als Waffen. In

Ötzis Tod

seiner Gürteltasche fanden Wissenschaftler pflanzliche Heilmittel sowie Zunder zum Feuermachen. Ötzi hatte auch ein Tragegestell aus Holz und Gefäße aus Birkenrinde dabei, die wahrscheinlich Glutbehälter waren. Ein Grasmantel schützte ihn vor Regen, Felljacke, -schuhe und -beinlinge vor Kälte. Um die Hüfte trug er einen langen Lendenschurz, auf dem Kopf eine Mütze aus Wolfsfell.

2001 wurde bei einer Röntgenaufnahme eine Pfeilspitze in Ötzis Rücken entdeckt. Da sie aus anderem Feuerstein besteht als seine eigenen Pfeilspitzen, glauben Archäologen, dass der Mann angegriffen wurde. Er starb aber vermutlich nicht an dieser Verwundung, sondern scheint – durch den Schuss getroffen – gestürzt zu sein. Dabei hat er sich wahrscheinlich eine tödliche Kopfverletzung zugezogen. Andere Forscher vermuten, dass ein tödlicher Schlag auf den Kopf aus dem Hinterhalt Ötzi tötete.

Ungewöhnlich tätowiert

Ob Ötzi ein Hirte, Jäger oder Krieger war, ist nicht geklärt. Er könnte auch ein Schamane gewesen sein, eine Art Medizinmann, denn er trägt 50 Tätowierungen auf seiner Haut. Dafür wurden Schnitte in die Haut geritzt und Holzkohle hineingerieben. Die Strichbündel und Kreuze befinden sich an Körperstellen, die er zu seinen Lebzeiten stark beanspruchte und die vielleicht schmerzten. Forscher entdeckten, dass die Muster auf Akupunkturlinien liegen, die in der chinesischen Heilkunst als Energiebahnen bekannt sind.

Kupfer

Neben Gold, Silber und Zinn gehört Kupfer zu den ersten Metallen, die Menschen verarbeiteten. Kupfer war schon vor 10 000 Jahren verwendet worden, es kam aber vor allem im 5. bis 3. Jahrtausend v. Chr. in Gebrauch. Diese Zeit wird deshalb auch als Kupfersteinzeit bezeichnet. Wer sich damals Kupfergegenstände leisten konnte, war meist höhergestellt.

DRACHEN

Weltweiter Mythos

Obwohl Drachen in vielen Kulturen der Welt bekannt sind, hat sie noch niemand leibhaftig gesehen. Während in der westlichen und orientalischen Welt Drachen für Chaos und Zerstörung stehen und bekämpft und getötet werden müssen, sind sie in Fernost ein Symbol für Glück und Fruchtbarkeit. In China stehen sie auch für die Macht des Kaisers.

Schon im Mittelalter suchten Menschen in Europa nach echten Drachen. Sie waren sich sicher, diese Kreaturen würden irgendwo im Verborgenen leben. Frühe Forscher hielten das für Aberglauben: In Berichten über feuerspeiende Drachen am Himmel sahen sie Schilderungen von Kometen. Und doch: Noch heute gibt es ein Lebewesen auf der Erde, das einem Drachen stark ähnelt.

Wilde Mischung

Wie sieht ein Drache aus? Er scheint ein furchterregendes Mischwesen aus Reptil, Vogel und Raubtier zu sein. So besitzen manche Drachen einen schlangenartigen Körper ohne Füße, andere haben Löwenpfoten oder Adlerklauen. Einige tragen eine Schuppenhaut, manche Federn. Ihre Flügel ähneln denen von Greifvögeln oder Fledermäusen. Drachen haben einen durchdringenden Blick, können Feuer speien oder giftigen Atem ausstoßen.

DRACHENTÖTER

Siegfried aus der Nibelungensage ist einer der bekanntesten Drachentöter. Dieser Königssohn tötet den Lindwurm Fafnir, der einen Goldschatz hütet: Er sticht ihm mit seinem Schwert in die ungeschützte weiche Haut des Bauchs. Danach badet Siegfried im Drachenblut, wodurch sich ein Schutzpanzer um ihn legt. Nur eine Stelle an seinem Rücken bleibt verwundbar: Dort war unbemerkt ein Lindenblatt auf ihn gefallen.

Neun in einem

In China ist der Drache weiblich und als eines der vier Wundertiere bekannt, die dem Weltschöpfer beistanden. Der sogenannte Lung vereint die Merkmale von neun verschiedenen Tieren, darunter Schlange, Löwe, Hirsch, Schildkröte, Karpfen und Kamel. Da er den Regen bringt und damit für Wachstum und Reichtum sorgt, außerdem sehr weise und langlebig ist, wird er sehr verehrt. Drachen zieren seit alters Wände, Geschirr, Stoffe und werden auch als Schmuck oder Skulpturen aus Holz, Stein oder Jade angefertigt. Drachenzähne, -knochen oder -speichel gelten in China als Heilmittel.

Die letzten Drachen

Ist der Komodowaran, der auf den Kleinen Sundainseln von Indonesien lebt, eigentlich ein Drache? Mit bis zu 3 m Länge und einem Körpergewicht von mehr als 70 kg gilt er als die größte lebende Echse der Welt. Sein Körperbau, die breite Schnauze, die schuppige Haut und die gespaltene Zunge entsprechen den Beschreibungen von Drachen – nur fliegen kann der Waran nicht. Seine Beute erlegt er auch nicht mit einem Feuerhauch: Er tötet mit Gift in seinem Biss. Es vermindert die Blutgerinnung und versetzt die Opfer in einen Schockzustand.

Plesiosaurier

Ausgestorben?

Im 19. Jh. gruben Wissenschaftler erstmals riesige versteinerte Knochen aus, die von vorzeitlichen Lebewesen, Sauriern, stammten. Oder hatten die Paläontologen endlich die sagenumwobenen Drachen entdeckt? Einige Forscher sahen in Ichthyosaurus und Plesiosaurier Meeresdrachen, im Pterodactylus einen geflügelten Drachen. Die Saurier waren schon lange ausgestorben, als die Menschheitsgeschichte begann. Wie kam das Wissen um »Drachen« dann aber in altüberlieferte Erzählungen?

RIESENKALMAR

Gigantisches Meerestier

Seit Jahrhunderten erzählen Seeleute aus aller Welt Geschichten von Riesenkraken, die mit ihren monströsen Fangarmen Schiffe oder Menschen umschlingen und versuchen, sie in die Tiefe des Meeres zu ziehen. Solche Horrorgeschichten galten lange Zeit als Seemannsgarn, also als erfunden und stark übertrieben.

Die Tiefsee war damals und ist auch heute noch ein weitgehend unerforschtes Gebiet. Welche Lebewesen viele Hundert Meter unter dem Meeresspiegel zu Hause sind, damit beschäftigt sich die Tiefseeforschung. Einige Meeresforscher suchen nach den Riesenkalmaren. Dass es sie geben musste, ließen große Narben auf der Haut von Walen vermuten, die von Tintenfisch-Saugnäpfen stammten.

Der erste Beweis

1854 wurde zum ersten Mal ein Riesenkalmar an der dänischen Küste angespült. Forscher untersuchten ihn und ordneten ihn den Zehnarmigen Tintenfischen zu. Sie gehören zum Stamm der Weichtiere, die wirbellos sind. Zwei Arme der Riesenkalmare sind als überlange Tentakel ausgebildet. Sie helfen ihnen in der kalten, dunklen Tiefsee beim Beutefang.

Verfolgungsjagd

Der japanische Zoologe Tsunemi Kubodera war der Erste, dem es 2004 gelang, einen Riesenkalmar mit einer Unterwasserkamera, die er an einem Kabel in die Tiefe herabgelassen hatte, zu fotografieren. Er hatte einen kleineren Tintenfisch als Köder ausgelegt, den der Kalmar angriff. Das Tier war insgesamt 8 m lang, allein seine

Fangarme maßen bereits 5,5 m. 2012 konnten Kubodera und sein Team mithilfe eines Mini-U-Boots Filmaufnahmen von einem Tintenfisch-Riesen in seinem gewohnten Lebensraum machen. Sie verfolgten ihn im Pazifik bis in eine Tiefe von 900 m. 2013 filmten Wissenschaftler einen über 3,5 m langen Kalmar in seinem Jagdrevier im Nordpazifik.

Fressfeind

Riesenkalmare stehen auf dem Speiseplan von Pottwalen, die zu den größten Tieren der Erde zählen: Pottwalbullen können bis zu 18 m lang werden und bis zu 50 Tonnen wiegen. Während Pottwale Riesenkalmare per Schall aufspüren können, erkennt ihn ein Kalmar mithilfe seiner Augen. Sie haben einen Durchmesser von 25 bis 40 cm und sind sehr lichtempfindlich. Das Warnsignal für den Kalmar ist Plankton: Es beginnt zu leuchten, wenn es in die Strömung eines Wals gerät. Das nimmt der Kalmar aus bis zu 120 m Entfernung wahr.

Unterwasserlandschaft

800 m unter Wasser beginnt die Tiefsee. Im Durchschnitt liegt der Meeresboden in etwa 4000 m Tiefe. Er ist aber nicht flach, sondern hat Gräben und Gebirge. Die mit 11 034 m tiefste Stelle liegt im Marianengraben im Pazifischen Ozean. Durch den Atlantik zieht sich mit dem Mittelatlantischen Rücken ein Unterseegebirge: Es ist 20 000 km lang und reicht von der Arktis bis zur Antarktis. Eine seiner höchsten Erhebungen bildet Island.

Tiefsee
(Unterirdische Quelle)

Kein Hirngespinst mehr

Mittlerweile wurden immer wieder Riesenkalmare an Land gespült oder verfingen sich in Fischernetzen. Das bislang größte Exemplar hatte angeblich eine Gesamtlänge von rund 18 m. Aus den Narben auf Walhäuten schlossen Wissenschaftler, dass es auch Tiere von bis zu 60 m Länge geben müsse. Doch das ist umstritten, denn: Werden einem Wal in jungen Jahren Verletzungen zugefügt, vergrößern sich die Wundmale, wenn das Tier wächst.

ARCHE NOAH

Beweis für die Sintflut

Gott, so erzählt es die Bibel, schickte einst eine große Flut, um die verdorbene Menschheit auszulöschen. Nur Noah riet er, ein großes Schiff zu bauen, mit ausreichend Platz für ihn, seine Familie und je ein Paar von jeder Tierart auf der Erde. Die große Überschwemmung kam und erst ein Jahr später konnte die Besatzung die Arche Noah wieder verlassen.

Um herauszufinden, ob diese Katastrophe wirklich geschehen ist, versuchen Wissenschaftler und Hobbyforscher seit Jahrhunderten, Reste der Arche Noah zu finden. Nach der Sintflut soll sie auf dem Berg Ararat in der Türkei gestrandet sein, weshalb vor allem dort nach ihr geforscht wird. Doch können Holzplanken wirklich Tausende von Jahren unbeschadet überstehen?

Genaue Angaben

Noah erhielt genaue Angaben für den Bau des Schiffes: Danach war das »Rettungsboot« 133,5 m lang, 22,3 m breit und 13,4 m hoch. Die Arche Noah wäre damit in etwa halb so lang gewesen wie ein Kreuzfahrtschiff von der Größe der »Queen Elizabeth 2«. Auf der 9000 m² großen Ladefläche hätten – so wurde errechnet – 286 Güterwagen der Deutschen Bahn mit rund 34 600 Tieren Platz gehabt.

Holzsucher

Immer wieder behaupten Menschen, sie hätten Teile der Arche gefunden. Ein armenischer Mönch soll im 4. Jh. der Erste gewesen sein, der auf dem Ararat von einem Engel ein Stück Arche-Holz geschenkt bekam. Es wird bis heute in der armenischen Kirche verehrt. Im 19. Jh. behauptete der englische Historiker James Bryce, er hätte auf dem Ararat uralte, von Menschen bearbeitete Holzlatten aufgespürt. Ein französischer Entdecker zog in den 1950er-Jahren Schiffsplanken aus einer Gletscherspalte. Er trug sie in seinem Rucksack vom Berg ins Tal – allerdings klein gehackt, um kein Aufsehen zu erregen. Bisher haben sich alle Funde, die untersucht wurden, als Fälschungen erwiesen.

Nur ein Fels?

1949 entstand eine Luftbildaufnahme vom Berg Ararat, die einen mehrere Hundert Meter großen, dunklen Fleck 2 km westlich unterhalb des Gipfels zeigt. Da die meisten Archäologen jedoch glaubten, es handle sich nur um einen Felsvorsprung, wurde in dieser Region bisher noch nicht gesucht. 2004 war auf einem Satellitenbild im ewigen Eis der nordöstlichen Gletscherregion des Ararats ein bootsähnlicher Umriss zu sehen. Die Erlaubnis, an dieser Stelle zu graben, wurde von der türkischen Regierung in letzter Minute wieder zurückgezogen.

Mini-Nachbau

Bisher hat die Türkei noch niemandem die Erlaubnis für eine ernsthafte Suche nach der Arche auf dem Berg Ararat erteilt. 2007 durften allerdings deutsche und türkische Mitglieder einer Umweltorganisation an einem unteren Berghang eine Arche nachbauen, als Mahnmal für den Klimaschutz. Die neue Arche ist 10 m lang und 4 m breit, sie dient heute als Bergsteigerhütte.

Der Berg Ararat

Mit ca. 5137 m ist der Ararat der höchste Berg in der Türkei. Der erloschene Vulkan liegt in Ostanatolien, im Grenzgebiet zu Armenien und dem Iran. In den Wintermonaten ist die Gipfelregion von Schnee bedeckt und sehr schwierig zu besteigen. Seit 1920 gehört der Berg ganz zur Türkei, davor verlief die Grenze zur damaligen Sowjetunion über den Gipfel des Ararats.

TURINER GRABTUCH

Bildnis von Jesus

In einer Seitenkapelle des Turiner Doms in Italien wird ein besonderes Leinentuch aufbewahrt: Auf ihm sind ganz deutlich Gesicht und Körper eines gekreuzigten Mannes zu sehen. Gläubige halten es für das Laken, in das Jesus nach seinem Tod gehüllt und begraben wurde. Nach seiner Auferstehung blieb nur das Tuch mit dem Abbild Jesu zurück.

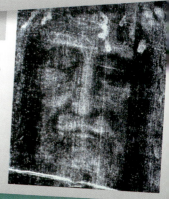

Christen verehren das Tuch, obwohl es früh Zweifel an seiner Echtheit gab. Bis heute wird es an besonderen Tagen öffentlich ausgestellt. Ab Mitte des 20. Jh. konnte mit neuen Methoden das Alter des Tuchs bestimmt werden, das manche Forscher aber sofort wieder infrage stellten. Ob das Tuch eine Fälschung ist oder nicht, ist ungeklärt, ebenso wie der Abdruck auf den Stoff kam.

Saint-Hippolyte

Umstrittene Herkunft

Eine Pilgermedaille von 1357 gab den ersten Hinweis auf das Grabtuch Christi: Es wurde damals in einer Kirche in Saint-Hippolyte (Ostfrankreich) ausgestellt. Schon zu dieser Zeit glaubte nicht jeder daran, dass es Jesus zeigte und Kreuzritter das Tuch von Jerusalem nach Europa gebracht hatten. Als jedoch Papst Sixtus IV. im 15. Jh. behauptete, es sei »gefärbt mit dem Blut Jesu«, war es lange unantastbar.

Eigener Forschungszweig

Vom altgriechischen Wort »sindón« für Leichentuch leitet sich der Name für das wissenschaftliche Fach Sindonologie ab. Es beschäftigt sich ausschließlich mit der Erforschung des Turiner Leichentuchs und entstand Anfang des 19. Jh. Seither wird das Tuch auf jede nur erdenkliche Art und mithilfe der jeweils neuesten Techniken getestet, um seinen Ursprung zu ergründen.

Stoffproben

1988 durften drei unabhängige Institute aus Amerika, England und der Schweiz im Auftrag von Papst Johannes Paul II. dem Turiner Grabtuch Faserproben entnehmen. Sie wurden einer C14-Datierung unterzogen, bei der über den Anteil eines bestimmten Kohlenstoffs das genaue Alter von Gegenständen bestimmt werden kann. Alle Institute kamen zum selben Schluss: Das Tuch stammt aus dem Mittelalter, ist also eine Fälschung. 2005 behauptete ein Chemiker, die entnommene Probe stamme von einem Flicken, mit dem das Tuch im 16. Jh. ausgebessert worden sei. Das Originaltuch sei vor 1300 bis 3000 Jahren gewebt worden.

TAUSCHEND ECHT

Ein italienischer Chemieprofessor wagte 2009 einen interessanten Versuch. Er ließ ein Leinentuch durch Waschen und Kochen künstlich altern. Dann legte er es über einen seiner Studenten und rieb dessen Umrisse unter dem Tuch mit einer roten Farbpaste ab, die schon im Mittelalter bekannt war. Er ließ sie 30 Minuten trocknen und nahm dann das Tuch ab: Es zeigte das Abbild des Studenten. Der Professor versah es noch mit Blut-, Brand- und Wasserflecken und erhielt ein täuschend echt wirkendes zweites Turiner Grabtuch.

Bluttest

Entstanden die Abdrücke auf dem Turiner Grabtuch durch Blut oder Farbe? Auch dieser Frage gingen verschiedene Forscher nach. Ein Wissenschaftler gab 1978 bekannt, er habe Ocker- und Zinnoberpigmente gefunden, die Maler im Mittelalter benutzten, Blutspuren würden hingegen fehlen. Einer seiner Kollegen entdeckte jedoch in Höhe des abgebildeten linken Ellenbogens einen Blutfleck. Das Blut weist dieselbe Blutgruppe auf, wie das auf einem Schweißtuch im spanischen Oviedo: Es soll Jesus direkt nach seinem Tod über den Kopf gezogen worden sein.

Schweißtuch von Oviedo (Schrein)

SCHRIFTROLLEN VON QUMRAN

Unterdrücktes Wissen

1947 machte ein Ziegenhirte bei Qumran am Westufer des Toten Meeres einen aufsehenerregenden Fund: In einer Felshöhle lagerten in mehrere Tontöpfen Schriftrollen. Es handelte sich dabei um die bislang ältesten handgeschriebenen Bibeltexte. Bis 1956 wurden in zehn weiteren Höhlen noch mehr Schriftrollen entdeckt: Insgesamt sind es 870.

Wissenschaftler begannen, die wertvollen Schriften aus der Zeit um 250 v. Chr. bis 40 n. Chr. zu entziffern. Sie hofften, darin Hinweise auf das Leben Jesu zu finden. Gleichzeitig kamen Gerüchte auf, die katholische Kirche würde alle Texte zurückhalten, die Christus anders darstellten als im Neuen Testament. Doch wird Jesus in den Schriften überhaupt erwähnt?

Puzzlearbeit

Viele der Schriftrollen bestanden aus 15 000 bis 20 000 kleinen Bruchstücken. Sie wurden in mühsamer Puzzlearbeit zusammengesetzt. Vollständig erhalten waren dagegen die über 7 m lange Jesaja-Rolle und die 9 m lange Tempel-Rolle. Viele der Schriften wurden auf Pergament, Ziegen-, Rind-, Schaf- und Gazellenleder festgehalten, einige wenige auf Papyrus und eine besteht sogar aus Kupferblech.

Schrein des Buches

Die Schriftrollen von Qumran werden heute im Schrein des Buches aufbewahrt, der Teil des Israel-Museums in Jerusalem ist. Der Ausstellungsraum ist abgedunkelt, um die kostbaren Handschriften zu schützen. Die Jesaja-Rolle, die früher in der Mitte des Raums stand, wurde durch eine Kopie ersetzt. Das Original ist so empfindlich, dass Licht oder die Feuchtigkeit im Atem der Museumsbesucher es zerstören könnten.

Kein Sprengstoff für die Kirche

Die unbeschädigten Rollen wurden bis in die 1980er-Jahre hinein übersetzt und veröffentlicht. Die Arbeit an den Bruchstücken war aufwendiger und kostete mehr Zeit. Als keine Qumran-Texte mehr oder nur wenige Abschnitte davon erschienen, glaubten viele Menschen, der Vatikan würde sie zurückhalten. Tatsächlich fehlten einfach genügend Mitarbeiter. Ab 1990 arbeiteten dann 50 Bibelwissenschaftler an der Herausgabe der Schriften, seit 2010 sind sie vollständig in 40 Bänden zusammengefasst. Die Texte von Qumran erzählen von den Gebräuchen einer Gemeinschaft, die an die ersten Christen um Jesus erinnert. Jesus selbst kommt nicht vor.

Lauter Abschreiber

Die Wissenschaftler fanden heraus, dass mindestens 500 Schreiber die Texte abgeschrieben haben. Waren die Essener ihre Auftraggeber, eine Sekte, die abgeschieden in der Wüste lebte? Oder wurden die heiligen Schriften kopiert und in den Höhlen von Qumran gelagert, damit die Römer sie nicht vernichten konnten? Beides ist möglich, kann aber nicht bewiesen werden. Die Qumran-Schriften zeigen jedoch, dass Bibelübersetzer in späteren Jahrhunderten gute Arbeit geleistet haben: Viele Bibelstellen von damals stimmen mit den heutigen überein.

Ausschnitt aus der Gutenberg-Bibel

QUADRATSCHRIFT

Die über 2000 Jahre alten Handschriften von Qumran sind größtenteils auf Hebräisch verfasst. Seit dem 2. Jh. v. Chr. wurde für religiöse Texte die Quadratschrift verwendet, die von rechts nach links geschrieben wird. Ihren Namen erhielt sie, weil die Buchstaben alle genau in ein oder ein halbes Quadrat passen und fast nur waagerechte und senkrechte Striche verwendet werden.

MISSING LINK

Zwischen Affe und Mensch

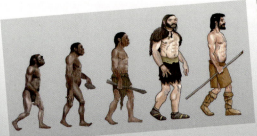

Evolution wird die Entwicklung und Wandlung von Lebewesen über einen unglaublich langen Zeitraum von mehreren Millionen Jahren genannt. Auch die Menschwerdung dauerte sehr lange, sie begann vor etwa 7 bis 5 Mio. Jahren. Die ersten Urmenschen lebten vor etwa 2 Mio. Jahren.

Seit Charles Darwin, Vater der Evolutionstheorie, im 19. Jh. behauptete, der Mensch stamme vom Affen ab, wird nach dem »Missing Link«, dem Bindeglied zwischen ihnen, gesucht. Tausende Skelette von vorgeschichtlichen menschenähnlichen Wesen wurden inzwischen gefunden. Keines der Fossilien kann als das eine Brückentier zwischen Affe und Mensch gelten. Gibt es das »Missing Link« also gar nicht?

Suche nach dem Affenmenschen

Mit jeder Ausgrabung von fossilen Überresten von Affen, Früh- oder Urmenschen entsteht ein anderes Bild von der Entwicklungs- und Abstammungslinie des Menschen. Wahrscheinlich nahm sie aber in Ostafrika ihren Anfang. Dort lebte vor 4 bis 2 Mio. Jahren die Gattung der »Südaffen«, *Australopithecus*. Sie war nicht mehr nur Affe, aber auch noch nicht ganz Mensch.

Lucy aus Afrika

Der Amerikaner Donald Johanson entdeckte 1974 die Überreste eines weiblichen *Australopithecus*, den er Lucy nannte. Von 207 Knochen wurden zwar nur 47 gefunden, darunter aber eine Beckenschaufel, das Kreuzbein und ein Oberschenkelknochen. An ihnen ließ sich ablesen, dass die nur 1,05 m große Lucy bereits aufrecht ging. Fußspuren nahe dem Fundort untermauerten das.

Lucy

Olduvai-Schlucht

Enge Verwandte

Weitere Fossilfunde zeigen, dass in den vergangenen Millionen Jahren mehrere unterschiedliche Menschenarten, zum Teil auch gleichzeitig, in Afrika lebten, vielleicht auch in anderen Teilen der Welt. Klar ist den Forschern inzwischen, dass der Mensch nicht vom Affen abstammt. Vielmehr haben Affen – wie Gorillas und Schimpansen – und Menschen dieselben Vorfahren. Sie sind sehr nah miteinander verwandt, bildeten aber verschiedenartige Fähigkeiten aus, und zwar nach und nach: Einen einzigen gemeinsamen Urahn von Mensch und Affe gibt es nicht.

Direkte Vorfahren

Auf die Südaffen folgte wahrscheinlich der *Homo habilis*, der »geschickte Mensch«. Das legte ein Fund nahe, den Jonathan Leakey 1960 in der Olduvai-Schlucht im Norden von Tansania machte. Er fand die Überreste eines 10-jährigen Kindes, das vor etwa 2,1 Mio. Jahren gelebt hatte. Sein Gehirn war größer ausgebildet als das der Südaffen und es nutzte Werkzeuge. Vor 1,9 Mio. Jahren tauchte *Homo erectus* auf und breitete sich über die ganze Welt aus. Er nutzte das Feuer und ging auf Jagd. Er gilt heute als direkter Vorfahre des *Homo sapiens*, also des modernen Menschen, der vor 160 000 Jahren entstand.

Verschiedene Vorfahren des heutigen Menschen

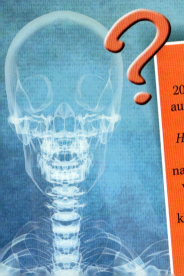
»Homo floresiensis« (links) heutiger Menschenschädel (rechts)

URZEIT-HOBBIT

2003 entdeckten Forscher auf der indonesischen Insel Flores eine neue Menschengattung: den *Homo floresiensis*. Er maß nur 1 m und besaß einen grapefruitgroßen Kopf. »Hobbit« nannten die Zeitungen ihn, nach den Zwergenwesen aus den Romanen von J. R. R. Tolkien. Obwohl der frühe Inselbewohner ein sehr kleines Gehirn hatte, gebrauchte er Werkzeuge und jagte Vögel, Fledermäuse sowie riesige Komodowarane (s. S. 63). Vor 13 000 Jahren starb der winzige Urmensch aus.

NEANDERTALER

Ausgestorbener Verwandter

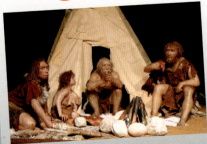

Einer der bekanntesten Urzeitmenschen ist der Neandertaler. Er lebte vor rund 300 000 Jahren in vielen Teilen Europas, West- und Zentralasiens. Der Homo neanderthalensis entwickelte sich zeitgleich zum Homo sapiens in Afrika, der erst vor 40 000 Jahren nach Europa kam. Ihr gemeinsamer Vorfahre war der Homo erectus.

Knochenfunde zeigten, dass der Neandertaler viel stämmiger und kleiner als sein afrikanischer Verwandter war. Lange Zeit galt er als wenig intelligenter Keulenschwinger ohne eigene Sprache und Kultur. Inzwischen haben Forscher herausgefunden, dass er ein kluger und geschickter Jäger war und seine kranken Angehörigen pflegte. Ungeklärt ist bis heute, warum er vor etwa 40 000 Jahren spurlos verschwand.

Steckbrief Neandertaler

Der Neandertaler war ungefähr 1,60 m groß, sehr muskulös und wog 60 bis 80 kg. Er hatte einen außergewöhnlich lang gestreckten flachen Schädel, besaß aber ein größeres Gehirn als der Homo sapiens. Auffällig waren die flache Stirn, die mächtigen Überaugenwülste, die kräftigen Zähne sowie das fliehende Kinn. Speere mit Steinspitzen nutzte er zum Jagen und er beherrschte den Umgang mit Feuer.

Krieg oder Krankheit?

10 000 Jahre siedelten moderner Mensch und Neandertaler im selben Lebensraum. Rottete der Homo sapiens seinen nahen Verwandten dann in einem blutigen Krieg aus? Nachdem 1899 Berge von Neandertaler-Knochen im kroatischen Krapina entdeckt wurden, lag dieser Verdacht

»Homo sapiens«

nahe. Doch sie waren über 130 000 Jahre alt, stammten also aus einer Zeit lange vor der Einwanderungswelle des *Homo sapiens*. Oder fehlten dem Neandertaler Abwehrkräfte gegen Krankheiten, die dem *Homo sapiens* nichts anhaben konnten? Auch dafür gibt es keine Belege.

Namensgeber

Seinen Namen erhielt der Neandertaler von einem Fundort in Deutschland: 1856 wurde im Neandertal zwischen den Städten Erkrath und Mettmann nahe Düsseldorf ein Teilskelett entdeckt. Der Lehrer und Naturforscher Johann Carl Fuhlrott, der die Knochen als Erster untersuchte, war sich sehr schnell sicher, dass sie von einem vorzeitlichen Menschen stammten.

Gen-Analyse

Der schwedische Genetiker Svante Pääbo und sein Team konnten 2010 in Leipzig das Erbgut (Genom) des Neandertalers entschlüsseln. Ein Vergleich mit dem des heutigen Menschen – vor allem Europäern und Asiaten – ergab eine Übereinstimmung von ein bis vier Prozent. Das bedeutet, dass Neandertaler und *Homo sapiens* zusammen Nachkommen gezeugt hatten und er bis heute in uns weiterlebt. Die größte Ähnlichkeit besteht bei den Anlagen für Haut und Haare.

Andere Gründe

Die Neandertaler waren gut an die Eiszeit angepasst. Doch kurz bevor sie ausstarben, sanken die Temperaturen noch einmal beträchtlich. Aufgrund der Kälte konnten sie – vor allem im Winter – nicht mehr regelmäßig auf die Jagd gehen, ihr Hauptlebensmittel Fleisch fehlte. Ihre Lebenserwartung sank, die Kindersterblichkeit nahm zu, wodurch ihre Zahl beständig zurückging: Forscher errechneten, dass es damals in ganz Europa nur noch 250 000 Neandertaler gab. Da sie kaum noch herumzogen, um andere Clans zu treffen, pflanzten sie sich außerhalb der eigenen kleinen Gruppe auch nicht mehr fort.

DINOSAURIER

Urplötzlich verschwunden

170 Mio. Jahre lebten die Dinosaurier auf der Erde, das beweisen versteinerte Funde überall auf der Welt. Vor allem anhand von Knochen konnten die Skelette ganz unterschiedlicher Dinosaurierarten nachgebildet werden. Sie sind heute in vielen Museen zu sehen. Wie die Urzeittiere gelebt haben, ließ sich durch Fußspuren, Eier, Nester und versteinerten Kot herausfinden.

Doch warum starben diese zum Teil riesigen Lebewesen vor rund 65 Mio. Jahren nahezu schlagartig aus? Konnten sie sich nicht mehr an ihre Umwelt anpassen, weil sie zu groß und zu dumm waren? Oder hatte eine verheerende Katastrophe, wie etwa ein gigantischer Vulkanausbruch oder ein Meteoriteneinschlag, ihr Überleben einfach unmöglich gemacht?

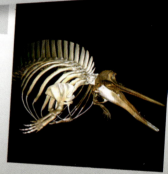

Ein langes Plötzlich

Das »plötzliche« Aussterben der Dinosaurier zog sich wahrscheinlich über 300 000 Jahre hin. Kurz ist diese Zeitspanne nur im Vergleich zur langen Herrschaftszeit dieser Tiere. Wie lange ihr Niedergang tatsächlich dauerte, können Urzeitforscher nicht sagen. Die vielen, auf allen Kontinenten verstreuten Dinosaurierfunde lassen noch keinen Rückschluss auf das genaue Ende der Urzeitechsen zu.

Eine Gruppe Überlebender

Zwischen 1874 und 1876 wurde in einem Steinbruch bei Eichstätt in Bayern ein versteinerter Urvogel, der Archaeopteryx, gefunden. Er besaß Federn und konnte vermutlich fliegen. Er stellt eine Übergangsform zwischen der Dinosaurierart der Theropoda und einer neuen Gruppe dar: den Vögeln. Heute gibt es 10 000 Vogelarten auf der Welt – sie alle sind Dinosaurier-Nachfahren.

Gewaltiger Einschlag

Im Golf von Mexiko entdeckten Wissenschaftler in den 1990er-Jahren einen Einschlagskrater mit einem Durchmesser von 170 km. Sie vermuteten, dass dort vor etwa 65 Mio. Jahren – die Zeit, in der die Dinosaurier verschwanden – ein 10 km breiter Meteorit mit 10 000 km/h niederging. Die Folgen waren vermutlich eine Flutwelle, die rund um den Globus jagte, und riesige Staubwolken, die jahrzehntelang die Sonne verfinsterten und das Klima veränderten. Manche Forscher glauben nicht an ein solches Einzelereignis – sie halten eine Reihe von Meteoritenschauern für wahrscheinlicher.

Ende und Anfang

In den letzten 550 Mio. Jahren kam es auf der Erde immer wieder zu großen Massenaussterben. Wirbellose Tiere wurden von Fischen und Amphibien abgelöst, die vor 248 Mio. Jahren hinter die Reptilien, zu denen auch die Dinosaurier gehörten, zurücktraten. Zur gleichen Zeit entwickelten sich schon die ersten Säugetiere, die sich aber erst richtig ausbreiten konnten, als die Dinosaurier ausstarben. Beuteltiere sowie das eierlegende Schnabeltier, die noch heute in Australien vorkommen, sind Beispiele für frühe Säugetierarten.

Koala (Beuteltier)

Vulkanwinter

Staub und Treibhausgase könnten aber auch von Vulkanausbrüchen stammen, die Ende der Kreidezeit den Dinosauriern und vielen anderen Tieren und Pflanzen den Garaus machten. Sie sollen, so ergaben Untersuchungen, über mehrere Millionen Jahre angedauert haben. Die gewaltigen Eruptionen hätten ebenfalls das Licht für sehr lange Zeit verdunkelt und zu einer eiszeitartigen Klimaveränderung geführt. Die wechselwarmen Dinosaurier wären an der Kälte und an Futtermangel zugrunde gegangen.

FEENKREISE

Runde Naturwunder

Einige Graslandschaften im Südwesten Afrikas, z. B. in Namibia, sehen aus der Luft betrachtet aus, als seien sie von übergroßen Sommersprossen übersät: Die Flecken bestehen aus kreisrunden Kahlstellen mit kräftigen Grasrändern und haben Durchmesser von 2 bis 12 m. Sie werden Feenkreise genannt, da sie durch Tänze von Feen entstehen – so sagt es jedenfalls der Volksglaube.

Seit Jahrzehnten versuchen Forscher, eine wissenschaftliche Erklärung für diese Naturerscheinung zu finden. Waren Mini-Meteoriteneinschläge für sie verantwortlich, kosmische Strahlung oder UFOs, die dort eine Zwischenlandung eingelegt hatten? Biologen tippen auf eine Insektenart, während Botaniker den Pflanzen selbst oder Erdgasen die ungewöhnliche Musterung der Savanne zuschreiben.

Landschaftsgestalter

Wo Feenkreise sind, sind auch Termiten. Das fand der Hamburger Biologe Norbert Jürgens heraus. Laut seiner Theorie fressen diese Insekten die Gräser samt Wurzeln und verursachen dadurch die Kahlstellen. Das Wasser kann so im Sand versickern, wird dort gespeichert und sorgt für eine gute und überlebenswichtige Befeuchtung des unterirdischen Termitenbaus. Die Gräser am Rand des Kreises, dem »Luxusgürtel«, gedeihen durch die Feuchtigkeit zudem besonders üppig.

TERMITEN

Auf den ersten Blick sehen Termiten aus wie Ameisen, sind aber nicht mit ihnen verwandt. Sie sind genauso klein und leben in riesigen Staaten. Sie haben oft eine wesentlich hellere Farbe als Ameisen und ihr Hinterleib besitzt keine Einschnürung. Es sind über 2000 Termitenarten bekannt, manche leben oberirdisch, andere unterirdisch. Beeindruckend sind die Termitenhügel: Die Insekten bauen sie aus mit Speichel vermischter Erde. Sie enthalten zahllose Gänge und Zellen.

Ringartige Muster

Mitarbeiter eines Leipziger Forschungszentrums glauben nicht, dass Termiten die Feenkreise erzeugen. Mithilfe eines Computers errechneten sie die Verteilung der Kahlstellen in der Landschaft und fanden heraus, dass sie sehr gleichmäßig verstreut sind. Die Wissenschaftler sind überzeugt: Insekten könnten eine so genaue Ordnung auf einer derartig großen Fläche nicht herstellen. Deshalb nehmen sie an, dass die Pflanzen selbst für die regelmäßigen Abstände sorgen. Im Kampf um ausreichend Wasser würden die Gräser während ihres Wachstums ausdünnen und so die ringartigen Muster entstehen.

Gasblasen

2011 ging ein Forscherteam aus Pretoria einer anderen Spur nach. Da keines der vergilbten Gräser im Kreisinneren Spuren der Fresswerkzeuge von Termiten aufwies, untersuchten sie mit einem tragbaren Messgerät, ob aus dem Boden im Ringinneren Erdgas austritt – und wurden fündig. Ein weiterer Hinweis auf das Entweichen von Gas war für sie der aufgewühlte Sandboden. Er sah Kratern auf dem Meeresboden ähnlich, die durch aufsteigende Gasblasen aus dem Erdinneren entstanden waren.

Drachen-Atem

Bei den Himba, einer Volksgruppe in Nordnamibia, wird eine andere Geschichte über die Entstehung der Feenkreise erzählt. Danach lebt ein Drache unter der Erde, der Feuer atmet. Die Hitze steigt in Blasenform nach oben, und dort, wo sie die Oberfläche erreicht, wird der Boden kreisrund versengt. Berichten die Himba auf ihre Weise über Erdgasvorkommen in ihrer Gegend und die Auswirkungen?

KORNKREISE
Zeichen von Außerirdischen

Kreisförmig niedergedrückte Getreidehalme, die riesige Muster ergeben, die zum Teil nur aus der Luft ganz zu erfassen sind, werden Kornkreise genannt. Erste Berichte darüber stammen aus dem 16. Jh., und auch in späteren Jahrhunderten tauchen sie in verschiedenen Schriften als »Hexen- oder Teufelskreis« auf. Schon früh glaubten die Menschen, eine nichtirdische Kraft müsse sie geschaffen haben.

Als ab den 1980er-Jahren erst in Südengland und dann überall auf der Welt immer mehr Kornkreise auftauchten, hielten viele sie für das Werk von Außerirdischen. Entweder handelte es sich um Abdrücke ihrer UFOs, oder sie versuchten so, Botschaften an die Menschheit zu übermitteln. Oder gab es eine andere, viel natürlichere Erklärung für die Bodenbilder?

Aliens, Wind oder Hirsche?

Wann immer Kornkreise entdeckt wurden, gab es Menschen, die angeblich Außerirdische in Raumschiffen über dem jeweiligen Feld gesehen hatten. Handfeste Beweise konnte aber bisher niemand liefern. Ernst zu nehmende Forscher hielten Wirbelwinde für die Verursacher. Sie ließen diese Idee jedoch wieder fallen, als sehr ausgefeilte Muster auftraten. Deshalb schieden auch Hirsche aus, die in der Brunftzeit Pflanzen kreisförmig niedertrampeln.

KORNKREISKUNDE

Menschen, die das Phänomen Kornkreise untersuchen, nennen sich Cerealogen. Als Cerealien werden Getreide oder Feldfrüchte bezeichnet, aber auch Frühstücksflocken. Der Name leitet sich von Ceres ab, der römischen Göttin des Ackerbaus, der Fruchtbarkeit und der Ehe. Cerealogie ist kein Studienfach, jeder kann Kornkreiskundler werden.

Kunst-Schöpfungen

Die ersten Kornkreise tauchten 1981 in Südengland auf. Tausende Schaulustige pilgerten dort zu den Feldern. Ein Sonderkommando der britischen Regierung suchte nach vernünftigen Erklärungen für das Phänomen, aber ohne Erfolg. Zehn Jahre später gaben die Künstler Doug Bower und Dave Chorley zu, die Kornkreise nachts mithilfe einer Eisenstange, einem Holzbrett und einem Seil geschaffen zu haben. Die Stange diente ihnen als Mittelpunkt, von dem aus sie mit einer Holzlatte, deren beide Enden mit Seilen befestigt waren, die Ähren platt drückten. Sie arbeiteten sich vom Zentrum nach außen, indem sie immer mehr Seil freigaben.

Ungeheure Vielfalt

Bisher wurden 6000 unterschiedliche Kornkreise gezählt, die mit der Zeit immer raumgreifender wurden. Der größte Kornkreis fand sich im August 2001 in einem Weizenfeld am Milk Hill in Wiltshire, Südengland: Er bestand aus 490 Teilkreisen und hatte insgesamt einen Durchmesser von 240 m. Ein Kornkreis, der 1996 bei Ashbury entdeckt wurde, war mit 756 m der längste. Außer Kreisen und Linien kamen mit der Zeit immer einfallsreichere Abbildungen mit fantasievolleren Mustern auf die Felder. Das brachte Ufologen und Wissenschaftler in weitere Erklärungsnot.

Ein paar Regeln

Mit ihren ersten Kornkreisschöpfungen begründeten Doug Bower und Dave Chorley eine neue Kunstrichtung. Sie hielten sich beim Erschaffen von Kornkreisen an selbst aufgestellte Regeln, die auch viele andere Kornkreiskünstler befolgen: Das Getreide soll nur gebogen, nicht gebrochen werden. Die Bodenzeichen müssen während der Nacht entstehen. Ist der Kornkreis vollendet, sollen seine Schöpfer das Feld verlassen, ohne menschliche Spuren zu hinterlassen.

KUGELBLITZ

Schwebende Lichtbälle

Sie sausen während eines Gewitters plötzlich über Landstraßen auf Autos zu, finden ihren Weg durch offene Türen, Fenster oder in den Kamin und sollen im Haus mit ihrer elektrischen Ladung Fernseher oder Stereoanlagen zerstört haben: Viele Menschen haben von Kugelblitzen erzählt; da es keine Beweisfotos von diesen Leuchterscheinungen gab, wurde ihnen nicht geglaubt.

Kugelblitze hielten Wissenschaftler lange Zeit für eine reine Sinnestäuschung. Dann gelang es ihnen, zumindest für kurze Zeit, künstliche Kugelblitze im Labor zu erzeugen. Die Feuerbälle glichen glühenden Quallen, die in einer Zitterbewegung durch die Luft schwebten. Trotz ihrer Versuche fragen sich die Forscher weiterhin: Wie entsteht ein Kugelblitz in der Natur?

Augenzeugenberichte

Als kugel-, stab- oder eiförmig werden Kugelblitze von Augenzeugen beschrieben. Sie leuchten aus sich heraus und können unterschiedliche Farben haben. Obwohl sie feurig wirken, geht wenig Wärme von ihnen aus. Meist schweben oder fliegen sie in Bodennähe, ändern dabei öfters die Richtung und können feste Gegenstände durchdringen. Sie lösen sich in einem Funkenregen auf oder verschwinden plötzlich.

ZICKZACKBLITZE

In einer Gewitterwolke laden sich Wasserteilchen durch Reibung und Zerstäubung elektrisch auf: Eiskristalle in den höheren Wolkenschichten sind positiv geladen, Wassertropfen in den unteren Schichten negativ. Dadurch entsteht sehr hohe Spannung, die sich irgendwann entlädt, entweder in der Wolke oder zwischen Wolke und Erde: Es blitzt.

Heftige Reaktion

Der Berliner Physiker Gerd Fußmann und sein Team brachten 2008 mithilfe von zwei Elektroden hohe Spannungen von bis zu 5000 Volt in einem mit Salzwasser gefüllten Wasserglas zur Entladung. Dabei entstanden für wenige Sekunden bis zu 20 cm große Leuchtkugeln, die aus dem Glas schossen. Damit bewiesen die Forscher, dass Kugelblitze entstehen können, wenn ein Blitz z.B. in einer Pfütze einschlägt. Auch Entladungen auf einem Silicium-Untergrund erzeugen Kugelblitze. Schlägt ein Blitz in der freien Natur in einen sandigen Boden voller Silicium ein, verdampft es schlagartig, wobei es in der Luft »verglast« und leuchtet.

Halb so schlimm?

Soweit bekannt, ist bisher noch niemand tödlich von einem Kugelblitz getroffen worden. Entsteht er tatsächlich erst nach einem Blitzeinschlag, durch den nur ein chemischer Prozess in Gang gesetzt wird, könnte es sein, dass er selbst gar nicht elektrisch geladen ist. Manche Menschen erzählen, sie hätten in Nähe eines Kugelblitzes Wärme gespürt, andere wollen ihn mit eigenen Händen beiseitegeschoben haben. Unklar bleibt dann aber, wie die Schäden an Elektrogeräten entstehen.

Qinghai-Hochebene

Beweis aus China

2014 gaben chinesische Wissenschaftler bekannt, dass sie auf der Qinghai-Hochebene im Nordwesten ihres Landes erstmals einen Kugelblitz gefilmt hatten. Eine Hochgeschwindigkeitskamera, die 3000 Bilder pro Sekunde schoss, zeigte, wie die Leuchtkugel an der Einschlagstelle eines gewöhnlichen Blitzes innerhalb einer Tausendstelsekunde entstand. Sie hatte einen Durchmesser von 5 m, bewegte sich mit 8 m in der Sekunde fort und verlor dabei zunehmend an Helligkeit.

DAS UNIVERSUM

Unendlicher Weltraum

Raum, Zeit, Materie, Energie – das Universum umfasst alles, was existiert. Der Kosmos scheint uns Menschen unendlich, breitet sich aber noch immer weiter aus. In ihm haben sich Sterne, Planeten, Nebel, Sternenhaufen, Galaxien und Galaxiengruppen gebildet. Der Raum dazwischen ist dunkel, kalt und leer. Welche Kräfte und Energien dort wirken, ist noch nicht vollständig geklärt.

Vermutlich entstand das Universum mit dem Urknall vor rund 14 Milliarden Jahren. Aber was war der Auslöser für den »Big Bang«, nahm mit ihm wirklich alles seinen Anfang? Oder gab es davor bereits ein anderes Universum, das verging? Vielleicht ist unser Universum auch nur eines von vielen, in einem gigantischen Megaversum – genau weiß das niemand.

Der Urknall

Milchstraße

Das uns bekannte Universum entstand mit dem Urknall: Dabei explodierte vermutlich eine Singularität, ein unglaublich heißer, verdichteter Punkt, tausendmal kleiner als ein Stecknadelkopf. Im Bruchteil einer Sekunde breitete sich der Kosmos aus: Anfangs wohl noch winziger als ein einzelnes Atom, wuchs es zu einem Raum, größer als eine Galaxie mit dem Ausmaß unserer Milchstraße.

Big Crunch

Ging der Urknall von einer Singularität aus, die aus einem zusammengefallenen Vorgänger-Universum bestand? »Big Crunch« heißt ein solcher umgekehrter Urknall: Dabei wird alles, was existiert, unter Einwirkung der Schwerkraft auf einen winzigen Punkt zusammengepresst, aber nicht vollständig zerstört. Forscher rätseln, ob das Universum so wiederholt entsteht und vergeht und ob es immer dieselbe oder eine jeweils andere Geschichte hat.

Nur eins von vielen?

Wissenschaftler fragen sich auch, ob es mehrere Universen gleichzeitig geben könnte, die sie Multiversen nennen. Sie stellen sich das vor wie in einem Topf mit kochendem Wasser, in dem ständig Blubberblasen aufwallen und absinken. Wie diese Blubberblasen kommen und gehen mehrere Universen, die nebeneinander bestehen, aber nicht unbedingt zeitgleich. Das Universum, in dem es die Erde gibt, wäre dann nur eins von vielen, in dem sich auf eine ganz bestimmte Weise Leben entwickelt hat. In anderen Universen wären ganz andere Abläufe, Zustände, Dimensionen und physikalische Gesetze möglich.

Schwingende Saiten

In uralten indischen Schriften wird behauptet, das Universum sei reiner Klang. Durch Schwingung entstünde alles, was ist. Diese Vorstellung scheint die Stringtheorie zu bestätigen. Sie wurde von Physikern in den 1960er-Jahren erdacht und weiterentwickelt. Danach besteht alle Materie aus winzigen Saiten, den »Strings«. Das sind Fäden aus Energie in Welten mit 10 bis 26 Dimensionen. Die Form der Strings und die Art, wie sie schwingen, bringt nach dieser Theorie eine Vielfalt an Teilchen und Kräften im Universum hervor.

Weitere Dimensionen

Höhe, Breite und Tiefe sind die drei Dimensionen unserer räumlichen Welt. Mit der Relativitätstheorie von Albert Einstein kam die Zeit als vierte Dimension dazu, in der die Welt beschrieben werden kann. Das eröffnete neue Einsichten in die Zusammenhänge zwischen Raum und Zeit. Seither überlegen Physiker und Mathematiker, was wäre, wenn es über die vierte Dimension hinaus weitere Dimensionen gäbe, die wir Menschen nicht wahrnehmen können? Könnten sich dort eine oder sogar mehrere Parallelwelten befinden, die uns nicht zugänglich sind?

Albert Einstein

SCHWARZE LÖCHER

Schwerkraftfalle im All

Im Universum gibt es Bereiche, deren Anziehungskraft so groß ist, dass ihnen nichts entgeht, noch nicht einmal das Licht: Schwarze Löcher verschlingen alles, was in ihre Nähe gerät, und geben es nie wieder her. Sie entstehen, wenn Materie in sich zusammenfällt, wobei sich ungeheuer viel Masse auf einem winzigen Raum zusammenballt.

Schon früh waren sich viele Forscher sicher, dass es Schwarze Löcher im All geben muss. Ein Nachweis schien schwierig, denn sie lassen sich nicht direkt beobachten. Bis heute erkennen Physiker sie nur an ihren Auswirkungen auf Nebel, Sterne und Galaxien in unmittelbarer Nachbarschaft. So konnten mehrere Schwarze Löcher entdeckt werden, eins befindet sich im Zentrum unserer Milchstraße.

Überdehnt

 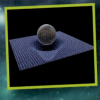 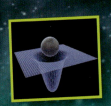

Alle Körper besitzen eine Masse, durch die sie den Raum um sich herum krümmen. Überschreitet die Masse eines Himmelskörpers eine bestimmte Grenze, wird die Krümmung übergroß: Das Raumzeit-Gefüge »reißt« und ein Schwarzes Loch entsteht. Es wird oft als Trichter mit einem unendlich langen Tunnel dargestellt. In ihm befindet sich ein Punkt unendlicher Dichte und Schwerkraft, der als Singularität bezeichnet wird.

NAMENSGEBUNG

Zwar soll der Begriff »Schwarzes Loch« schon 1964 in einem Wissenschaftsbericht verwendet worden sein, er wird aber meist dem Physiker John Archibald Wheeler zugeschrieben. Ihm war es zu umständlich, bei einem Vortrag 1967 von »ein infolge der Schwerkraft komplett zusammengefallenes Objekt« zu reden. Ein Zuhörer schlug ihm auf Englisch den Ausdruck »Black hole« vor, den Wheeler übernahm.

Unterschiedliche Entstehung

Am Ende seines Lebenszyklus explodiert ein Stern, der Rest kann zu einem Stellaren Schwarzen Loch werden. Das dauert nur wenige Sekunden bis Minuten. Sogenannte Mittelschwere Schwarze Löcher bilden sich, wenn mehrere Sterne zusammenstoßen. Sie kommen aber nicht so häufig vor. Supermassive Schwarze Löcher hingegen befinden sich im Zentrum fast jeder Galaxie. Ihre Masse, die das Milliardenfache unserer Sonne haben kann, verdanken sie Gas und Staub, die sie im Sternenzwischenraum aufgenommen haben.

GEFÄHRLICHE VERSUCHE?

Der Large Hadron Collider (LHC) ist ein Teilchenbeschleuniger, mit dem im Europäischen Kernforschungszentrum CERN bei Genf geforscht wird. Mit ihm ist es möglich, winzig kleine Schwarze Löcher zu erzeugen. Einige Wissenschaftler fürchteten, sie könnten die Erde zerstören. Andere waren sich sicher, die Minilöcher zerfallen so rasch, dass von ihnen keine Gefahr ausgeht.

Gut beobachtet

Astronomen der Europäischen Südsternwarte ESO haben 16 Jahre lang das der Erde am nächsten liegende Schwarze Loch untersucht. Sie studierten mit Teleskopen 28 Sterne, die um »Sagittarius A*« kreisen, und berechneten ihre Bahnen. Daraus errechneten sie die Masse dieses Supermassiven Schwarzen Lochs und seine Entfernung von der Erde: Sie beträgt 27 000 Lichtjahre, gefährlich wird es der Menschheit wohl nicht. Außerdem fanden sie heraus, dass Sterne, die sich näher am Schwarzen Loch befinden, wie ein wild gewordener Schwarm Bienen hin und her sausen. Die weiter entfernten Sterne umkreisen das Schwarze Loch auf einer Scheibe.

WURMLOCH

Tunnel durch Zeit und Raum

In vielen Science-Fiction-Filmen nehmen Raumschiffe und ihre Besatzung ganz selbstverständlich den Weg durch ein Wurmloch, um schnell ferne Galaxien, ein Paralleluniversum zu erreichen oder Zeitreisen zu machen. Ein solcher Tunnel ist eine starke Krümmung der Raumzeit, die zwei ursprünglich sehr weit voneinander entfernte Punkte nah zusammenrückt.

Beweise dafür, dass es im All tatsächlich Wurmlöcher gibt, wurden noch nicht gefunden. Auch im Labor konnten sie bisher nicht erzeugt werden. Sind sie also nicht mehr als ein verwegenes Gedankenspiel der Forscher? Oder könnten Schwarze Löcher der Eingang eines Wurmlochs sein, dem ein weiteres Schwarzes Loch als Ausgang in eine andere Welt gegenüberliegt?

Brücke zwischen den Welten

1935 wollten die Physiker Albert Einstein und Nathan Rosen beweisen, dass es Schwarze Löcher mit ihrer unglaublich verdichteten Schwerkraft, der Singularität, nicht geben kann – das gelang ihnen nicht. Stattdessen entdeckten sie, dass sich rein rechnerisch zwei dieser Raumzeit-Trichter berühren könnten. Die sogenannte Einstein-Rosen-Brücke könnte zwei weit auseinanderliegende Punkte in unserem Universum verbinden oder unsere Welt mit einem Paralleluniversum verknüpfen.

Exotische Materie

So schön die Idee einer Schnellverbindung im All auch ist, sie hat einen Haken: Wurmlöcher, das ergaben Berechnungen, sind nur kurz geöffnet und fallen dann in sich zusammen. Um den Raumzeit-Tunnel zu festigen – so stellen es sich Teilchenphysiker zumindest vor –, wäre sogenannte exotische Materie mit negativer

Energiedichte nötig, die der extremen Schwerkraft entgegenwirkt. Diese Materie konnte aber bisher noch nirgendwo auf der Erde nachgewiesen werden oder gar erzeugt werden. Und selbst wenn das gelänge, müsste die erforderliche Menge in etwa der Masse des Jupiters entsprechen, dem größten Planeten unseres Sonnensystems.

Raumzeit-Schaum

Quantenphysiker glauben, dass im Raumzeit- oder Quanten-Schaum, einer Feinstruktur des Universums, ständig Wurmlöcher entstehen. Sie sind allerdings sehr winzig und extrem kurzlebig. Sie so zu vergrößern, dass ein Raumschiff oder ein Zeitreisender hindurchpasst, würde eine Unmenge an Energie kosten und eine Technik erfordern, die Menschen derzeit nicht haben: Nur eine Anlage von der Größe des Sonnensystems könnte genügend Energie erzeugen, die für ein solches Vorhaben nötig wäre.

Zeitfrage

Könnten Menschen mit Lichtgeschwindigkeit reisen, würde sich die Zeit für sie verlangsamen. Kämen sie zur Erde zurück, wären dort wesentlich mehr Jahre vergangen als bei ihnen im Raumschiff. Nimmt das Raumschiff aber die Abkürzung durch ein Wurmloch, in dem die Gesetze von Zeit und Raum aufgehoben sind, und findet den Rückweg, könnte es womöglich ohne spürbaren Zeitverlust auf die Erde zurückkehren.

Quer durch den Apfel

Der Begriff »Wurmloch« stammt vom Physiker John Archibald Wheeler (s. S. 86). Wie ein kosmischer Tunnel zwei Punkte im Universum sehr direkt verbindet, erklärte er anhand eines Wurms, der sich quer durch einen Apfel frisst: Dieser Weg ist für den Wurm kürzer als der Weg, den er über die Apfelschale auf die andere Seite nehmen müsste.

DUNKLE ENERGIE

Unbekannte Kraft im Universum

1929 wies der amerikanische Astronom Edwin Hubble nach, dass das All sich ausdehnt und Galaxien sich voneinander entfernen. Warum das so ist, dafür gab es keine Erklärung. 1998 wurde die Verwunderung noch größer: Entgegen allen Erwartungen nahm die Geschwindigkeit des Auseinanderdriftens zu, anstatt sich zu verlangsamen, wie aus der Wirkung der Schwerkraft zu vermuten war.

Kosmologen entwickelten verschiedene Lösungsansätze, einer ist die sogenannte dunkle Energie. Diese mysteriöse Kraft soll der Schwerkraft entgegenwirken und damit verhindern, dass alles einfach in sich zusammenfällt. Zugleich bläht sie das All auf. Die dunkle Energie konnte noch nicht nachgewiesen werden, dabei müsste sie nach Berechnungen der Forscher 70 Prozent des Universums ausmachen.

Das fünfte Element

Niemand weiß genau, was dunkle Energie ist. Die Wissenschaftler nehmen an, dass sie sich vollkommen gleichförmig im gesamten Universum verteilt, woraus sie besteht, bleibt verborgen. Bereits die alten Griechen haben einen Urstoff beschrieben, der, anders als die vier Elemente Erde, Wasser, Feuer und Luft, nicht fassbar ist. Weder Licht, Radiowellen noch Röntgenstrahlen machen ihn sichtbar.

DUNKLE MATERIE

So wie die Planeten um die Sonne kreisen, kreisen Sonnen um das Zentrum von Galaxien. Da die Zentren massereicher sind, müssten laut physikalischer Gesetze Himmelskörper, die weiter davon entfernt sind, langsamer kreisen – das tun sie aber nicht. Astrophysiker erklären das mit einer weiteren, nicht nachweisbaren Kraft: der dunklen Materie. Diese unsichtbare Materie übt wie die sichtbare Materie Anziehungskraft aus. 25 Prozent des Universums bestehen aus dunkler Materie.

Abstoßen statt anziehen

Mit der Untersuchung von Sternenexplosionen, die einen tieferen Blick ins All und damit in seine Vergangenheit erlauben, wollten Wissenschaftler 1998 nachweisen, dass sich die Ausdehnung des Universums nach dem Urknall verlangsamte. Das Gegenteil war der Fall, es breitete sich immer schneller aus. Die Forscher erklärten, in den Anfängen des Alls wäre Materie viel dichter gepackt gewesen, die Anziehungskraft höher als die Vakuumenergie, die eine abstoßende Kraft besäße: Das Universum habe sich ausgedehnt, aber langsam. Irgendwann wäre die Materie so dünn im Kosmos verteilt gewesen, dass die Anziehungskraft der Vakuumenergie unterlag: Die abstoßenden Kräfte hätten die Ausdehnung des Universums beschleunigt.

Kosmologische Konstante

Hinter diesem Begriff verbirgt sich eine Idee, mit der Albert Einstein die Kraft bestimmen wollte, die der Schwerkraft entgegenwirkt. Als er sie entwickelte, hielten er und seine Kollegen das Universum noch für unveränderlich. Da Einstein seine Formel dieser Annahme angepasst hatte, verwarf er sie, als sich herausstellte, dass sich das All ausdehnt. Heute lässt sich mit dieser Konstante sehr wohl die Auswirkung der dunklen Energie beschreiben – aber immer noch nicht, was sie ist.

RAUMZEIT-WELLEN

Eine andere Idee kommt ohne dunkle Energie aus. Sie hält Raumzeit-Wellen für die Verursacher der zunehmenden Beschleunigung. Als sich das Universum nach dem Urknall in einem winzigen Moment unvorstellbar schnell ausgedehnt hat, entstanden im Raumzeit-Gefüge kleine Wellen. Sie sind, so meinen einige Forscher, mit dem Anwachsen des Universums ebenfalls größer geworden und der Grund, warum es sich immer schneller ausdehnt.

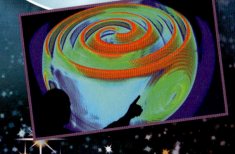

Bildnachweis

© Fotolia: Acceleratorhams; ad_hominem; Agsandrew; ALCE; Alex Ishchenko; AlexQ; Algol; Alperium; Amy Nichole Harris; Anatoliy Lukich; Andersphoto; André Franke; Andrea Danti; Andreas Ernst; anibal; Anna Omelchenko; Anna Reic; Anton Balaz; Ariane Citron; Artenauta; artistdesign; atoss; Avantgarde; aylerein; B. Wylezich; babelsberge; baldomir; Benmm; Bernard 63; Bruno Bernier; Buffy1982; byjeng; carilall; Carlos Santa Maria; Catmando; ChiccoDodiFC; chrisdorney; claudiozacc; Creativemarc; Cristea; Daniel Prudek; Dave Hartnoll; David Woolfenden; davidbukach; Dean Moriarty; ded; Derrick Neill; destina; Dieter Hawlan; dieter76; digitalfarmer; Dimitrios; Dmytro Tolokonov; donyanedomam; DreanA; Dusan Kostic; dvarg; ead72; EL GRECO; eleonora_77; Ellerslie; epitavi; Eric Isselée; Erica Guilane-Nachez; erwinf; eSchmidt; eyetronic; florlewis; focus finder; Foto-Biene; Fotodil; Fotolyse; fototehnik; Frankix; frenta; frozenstarro; gaelj; gam16; geargodz; Georgios Kollidas; hanaschwarz; hannesthirion; Heater; hitdelight; hotshotsworldwide; Ig0rZh; iluzia; imacture; isoga; jacek_kadaj; James Thew; james_pintar; Javier Castro; Jgz; JLV Image Works; Joachim Heller; Joachim Opelka; julvil; jura_taranik; Jürgen Fälchl; Juulijs; karenfoleyphoto; kavcicm; kevron2001; kichigin19; kravka; lassedesignen; laufer; laurent33; Lefteris Papaulakis; Light Impression; Lucian Milasan; marcel; Martin M303; Martin_P; Maslov Dmitry; McKay; Michael Rosskothen; michels; Mihály Samu; Mikael Damkier; Mila Gligoric; milavas; mimo; monropic; Moreno Novello; Natalia Bratslavsky; Nazzu; nicolasprimola; Nikki Zalewski; Omik; oryx; oskanov; Paul Fleet; paulpixel57; Perytskyy; Peter Heimpe; Peter Hermes Furian; PHB.cz; piai; pixel; Rafael Ben-Ari; Rainer Albiez; Renáta Sedmáková; robert cicchetti; robotcity; Romolo Tavani; rosinka79; Roverto; Sandra Cunningham; SandyS; Seamartini Graphics; senoldo; siimsepp; skyphoto; smuay; sss61; sunsinger; Swetlana Wall; Thaut Images; Thomas Müller; tmass; Tristan3D; Tryfonov; Vaclav Zilvar; Velazquez; vencav; vitstudio; Vladimir Galanov; weh; wernart; willlou; www.andonwww.com; www.photostock.am; ykumsri; yodiyim

© gettyimages / Thinkstock

© Dpa Picture-Alliance GmbH: picture-alliance / dpa; picture alliance / Adam Woolfitt/Robert Harding; picture-alliance / akg-images; picture-alliance / akg-images / Paul M.R. Maeyaert; picture alliance / Alan Copson/Robert Harding; picture alliance / AP Photo; picture alliance / Artcolor; picture-alliance / dpa / dpa-web; picture-alliance / dpa-Grafik; picture alliance / Heritage Images; picture alliance / landov; picture alliance / Mary Evans Picture Library; picture alliance / Lou Avers; picture-alliance / maxppp; picture alliance / Photoshot; picture-alliance / United Archives / TopFoto; picture alliance / WILDLIFE; picture alliance / ZB

© 2015 arsEdition GmbH,
Friedrichstraße 9, D-80801 München
Alle Rechte vorbehalten
Text: Petra Bachmann
ISBN 978-3-8458-0957-1
www.arsedition.de